PERZISCH

WOORDENSCHAT

THEMATISCHE WOORDENLIJST

NEDERLANDS
PERZISCH

De meest bruikbare woorden
Om uw woordenschat uit te breiden en
uw taalvaardigheid aan te scherpen

3000 woorden

Thematische woordenschat Nederlands-Perzisch - 3000 woorden

Door Andrey Taranov

Woordenlijsten van T&P Books zijn bedoeld om u woorden van een vreemde taal te helpen leren, onthouden, en bestudering. Dit woordenboek is ingedeeld in thema's en behandelt alle belangrijk terreinen van het dagelijkse leven, bedrijven, wetenschap, cultuur, etc.

Het proces van het leren van woorden met behulp van de op thema's gebaseerde aanpak van T&P Books biedt u de volgende voordelen:

- Correct gegroepeerde informatie is bepalend voor succes bij opeenvolgende stadia van het leren van woorden
- De beschikbaarheid van woorden die van dezelfde stam zijn maakt het mogelijk om woordgroepen te onthouden (in plaats van losse woorden)
- Kleine groepen van woorden faciliteren het proces van het aanmaken van associatieve verbindingen, die nodig zijn bij het consolideren van de woordenschat
- Het niveau van talenkennis kan worden ingeschat door het aantal geleerde woorden

T&P Books Publishing
www.tpbooks.com

ISBN: 978-1-78716-731-5

Dit boek is ook beschikbaar in e-boek formaat.
Gelieve www.tpbooks.com te bezoeken of de belangrijkste online boekwinkels.

PERZISCHE WOORDENSCHAT
nieuwe woorden leren

T&P Books woordenlijsten zijn bedoeld om u te helpen vreemde woorden te leren, te onthouden, en te bestuderen. De woordenschat bevat meer dan 3000 veel gebruikte woorden die thematisch geordend zijn.

- De woordenlijst bevat de meest gebruikte woorden
- Aanbevolen als aanvulling bij welke taalcursus dan ook
- Voldoet aan de behoeften van de beginnende en gevorderde student in vreemde talen
- Geschikt voor dagelijks gebruik, bestudering en zelftestactiviteiten
- Maakt het mogelijk om uw woordenschat te evalueren

Bijzondere kenmerken van de woordenschat

- De woorden zijn gerangschikt naar hun betekenis, niet volgens alfabet
- De woorden worden weergegeven in drie kolommen om bestudering en zelftesten te vergemakkelijken
- Woorden in groepen worden verdeeld in kleine blokken om het leerproces te vergemakkelijken
- De woordenschat biedt een handige en eenvoudige beschrijving van elk buitenlands woord

De woordenschat bevat 101 onderwerpen zoals:

Basisconcepten, getallen, kleuren, maanden, seizoenen, meeteenheden, kleding en accessoires, eten & voeding, restaurant, familieleden, verwanten, karakter, gevoelens, emoties, ziekten, stad, dorp, bezienswaardigheden, winkelen, geld, huis, thuis, kantoor, werken op kantoor, import & export, marketing, werk zoeken, sport, onderwijs, computer, internet, gereedschap, natuur, landen, nationaliteiten en meer ...

INHOUDSOPGAVE

Uitspraakgids   8
Afkortingen   9

BASISBEGRIPPEN   10

1. Voornaamwoorden   10
2. Begroetingen. Begroetingen   10
3. Vragen   11
4. Voorzetsels   11
5. Functiewoorden. Bijwoorden. Deel 1   12
6. Functiewoorden. Bijwoorden. Deel 2   13

GETALLEN. DIVERSEN   15

7. Kardinale getallen. Deel 1   15
8. Kardinale getallen. Deel 2   16
9. Ordinale getallen   16

KLEUREN. MEETEENHEDEN   17

10. Kleuren   17
11. Meeteenheden   17
12. Containers   18

BELANGRIJKSTE WERKWOORDEN   20

13. De belangrijkste werkwoorden. Deel 1   20
14. De belangrijkste werkwoorden. Deel 2   21
15. De belangrijkste werkwoorden. Deel 3   21
16. De belangrijkste werkwoorden. Deel 4   22

TIJD. KALENDER   24

17. Dagen van de week   24
18. Uren. Dag en nacht   24
19. Maanden. Seizoenen   25

REIZEN. HOTEL   28

20. Trip. Reizen   28
21. Hotel   28
22. Bezienswaardigheden   29

VERVOER   31

23. Vliegveld   31
24. Vliegtuig   32
25. Trein   33
26. Schip   34

STAD   36

27. Stedelijk vervoer   36
28. Stad. Het leven in de stad   37
29. Stedelijke instellingen   38
30. Borden   39
31. Winkelen   40

KLEDING EN ACCESSOIRES   42

32. Bovenkleding. Jassen   42
33. Heren & dames kleding   42
34. Kleding. Ondergoed   43
35. Hoofddeksels   43
36. Schoeisel   43
37. Persoonlijke accessoires   44
38. Kleding. Diversen   44
39. Persoonlijke verzorging. Schoonheidsmiddelen   45
40. Horloges. Klokken   46

ALLEDAAGSE ERVARING   47

41. Geld   47
42. Post. Postkantoor   48
43. Bankieren   48
44. Telefoon. Telefoongesprek   49
45. Mobiele telefoon   50
46. Schrijfbehoeften   50
47. Vreemde talen   51

MAALTIJDEN. RESTAURANT   53

48. Tafelschikking   53
49. Restaurant   53
50. Maaltijden   53
51. Bereide gerechten   54
52. Voedsel   55

53. Drankjes 57
54. Groenten 58
55. Vruchten. Noten 59
56. Brood. Snoep 59
57. Kruiden 60

PERSOONLIJKE INFORMATIE. FAMILIE 61

58. Persoonlijke informatie. Formulieren 61
59. Familieleden. Verwanten 61
60. Vrienden. Collega's 62

MENSELIJK LICHAAM. GENEESKUNDE 64

61. Hoofd 64
62. Menselijk lichaam 65
63. Ziekten 65
64. Symptomen. Behandelingen. Deel 1 67
65. Symptomen. Behandelingen. Deel 2 68
66. Symptomen. Behandelingen. Deel 3 69
67. Geneeskunde. Medicijnen. Accessoires 69

APPARTEMENT 71

68. Appartement 71
69. Meubels. Interieur 71
70. Beddengoed 72
71. Keuken 72
72. Badkamer 73
73. Huishoudelijke apparaten 74

DE AARDE. WEER 75

74. De kosmische ruimte 75
75. De Aarde 76
76. Windrichtingen 77
77. Zee. Oceaan 77
78. Namen van zeeën en oceanen 78
79. Bergen 79
80. Bergen namen 80
81. Rivieren 80
82. Namen van rivieren 81
83. Bos 81
84. Natuurlijke hulpbronnen 82
85. Weer 83
86. Zwaar weer. Natuurrampen 84

FAUNA 86

87. Zoogdieren. Roofdieren 86
88. Wilde dieren 86

89. Huisdieren 87
90. Vogels 88
91. Vis. Zeedieren 90
92. Amfibieën. Reptielen 90
93. Insecten 91

FLORA 92

94. Bomen 92
95. Heesters 92
96. Vruchten. Bessen 93
97. Bloemen. Planten 94
98. Granen, graankorrels 95

LANDEN VAN DE WERELD 96

99. Landen. Deel 1 96
100. Landen. Deel 2 97
101. Landen. Deel 3 97

UITSPRAAKGIDS

T&P fonetisch alfabet	Perzisch voorbeeld	Nederlands voorbeeld
['] (ayn)	دعوا [da'vā]	stemhebbende faryngale fricatief
['] (hamza)	تایید [ta'id]	glottisslag
[a]	رود [ravad]	acht
[ā]	آتش [ātaš]	aan, maart
[b]	بانک [bānk]	hebben
[č]	چند [čand]	Tsjechië, cello
[d]	هشتاد [haštād]	Dank u, honderd
[e]	عشق [ešq]	delen, spreken
[f]	فندک [fandak]	feestdag, informeren
[g]	لوگو [logo]	goal, tango
[h]	گیاه [giyāh]	het, herhalen
[i]	جزیره [jazire]	bidden, tint
[j]	جشن [jašn]	jeans, jungle
[k]	کاج [kāj]	kennen, kleur
[l]	لیمو [limu]	delen, luchter
[m]	ماجرا [mājarā]	morgen, etmaal
[n]	نروژ [norvež]	nemen, zonder
[o]	گلف [golf]	overeenkomst
[p]	اپرا [operā]	parallel, koper
[q]	لاغر [lāqar]	liegen, gaan
[r]	رقم [raqam]	roepen, breken
[s]	سوپ [sup]	spreken, kosten
[š]	دوش [duš]	shampoo, machine
[t]	ترجمه [tarjome]	tomaat, taart
[u]	نیرو [niru]	hoed, doe
[v]	ورشو [varšow]	beloven, schrijven
[w]	روشن [rowšan]	twee, willen
[x]	کاخ [kāx]	licht, school
[y]	بیابان [biyābān]	New York, januari
[z]	زنجیر [zanjir]	zeven, zesde
[ž]	ژوئن [žuan]	journalist, rouge

AFKORTINGEN
gebruikt in de woordenschat

Nederlandse afkortingen

abn	-	als bijvoeglijk naamwoord
bijv.	-	bijvoorbeeld
bn	-	bijvoeglijk naamwoord
bw	-	bijwoord
enk.	-	enkelvoud
enz.	-	enzovoort
form.	-	formele taal
inform.	-	informele taal
mann.	-	mannelijk
mil.	-	militair
mv.	-	meervoud
on.ww.	-	onovergankelijk werkwoord
ontelb.	-	ontelbaar
ov.	-	over
ov.ww.	-	overgankelijk werkwoord
telb.	-	telbaar
vn	-	voornaamwoord
vrouw.	-	vrouwelijk
vw	-	voegwoord
vz	-	voorzetsel
wisk.	-	wiskunde
ww	-	werkwoord

Nederlandse artikelen

de	-	gemeenschappelijk geslacht
de/het	-	gemeenschappelijk geslacht, onzijdig
het	-	onzijdig

BASISBEGRIPPEN

1. Voornaamwoorden

ik	man	من
jij, je	to	تو
hij, zij, het	u	او
wij, we	mã	ما
jullie	šomã	شما
zij, ze	ãn-hã	آنها

2. Begroetingen. Begroetingen

Hallo!	salãm	سلام
Goedemorgen!	sobh bexeyr	صبح بخیر
Goedemiddag!	ruz bexeyr!	روز بخیر!
Goedenavond!	asr bexeyr	عصربخیر
gedag zeggen (groeten)	salãm kardan	سلام کردن
Hoi!	salãm	سلام
groeten (het)	salãm	سلام
verwelkomen (ww)	salãm kardan	سلام کردن
Hoe gaat het met u?	haletãn četowr ast?	حالتان چطور است؟
Hoe is het?	četorid?	چطورید؟
Is er nog nieuws?	če xabar?	چه خبر؟
Tot ziens! (form.)	xodãhãfez	خداحافظ
Doei!	bãy bãy	بای بای
Tot snel! Tot ziens!	be omid-e didãr!	به امید دیدار!
Vaarwel!	xodãhãfez!	خداحافظ!
afscheid nemen (ww)	xodãhãfezi kardan	خداحافظی کردن
Tot kijk!	tã bezudi!	تا بزودی!
Dank u!	motešakker-am!	متشکرم!
Dank u wel!	besyãr motešakker-am!	بسیار متشکرم!
Graag gedaan	xãheš mikonam	خواهش می کنم
Geen dank!	tašakkor lãzem nist	تشکر لازم نیست
Geen moeite.	qãbel-i nadãrad	قابلی ندارد
Excuseer me, ... (inform.)	bebaxšid!	ببخشید!
excuseren (verontschuldigen)	baxšidan	بخشیدن
zich verontschuldigen	ozr xãstan	عذر خواستن
Mijn excuses.	ozr mixãham	عذرمی خواهم
Het spijt me!	bebaxšid!	ببخشید!
vergeven (ww)	baxšidan	بخشیدن
Maakt niet uit!	mohem nist	مهم نیست

alsjeblieft	lotfan	لطفاً
Vergeet het niet!	farāmuš nakonid!	فراموش نكنید!
Natuurlijk!	albate!	البته!
Natuurlijk niet!	albate ke neh!	البته كه نه!
Akkoord!	besyār xob!	بسیارخوب!
Zo is het genoeg!	bas ast!	بس است!

3. Vragen

Wie?	če kas-i?	چه كسى؟
Wat?	če čiz-i?	چه چیزی؟
Waar?	kojā?	كجا؟
Waarheen?	kojā?	كجا؟
Waarvandaan?	az kojā?	از كجا؟
Wanneer?	če vaqt?	چه وقت؟
Waarom?	čerā?	چرا؟
Waarom?	čerā?	چرا؟
Waarvoor dan ook?	barā-ye če?	برای چه؟
Hoe?	četor?	چطور؟
Wat voor …?	kodām?	كدام؟
Welk?	kodām?	كدام؟
Aan wie?	barā-ye ki?	برای كی؟
Over wie?	dar bāre-ye ki?	درباره كی؟
Waarover?	darbāre-ye či?	درباره چی؟
Met wie?	bā ki?	با كی؟
Hoeveel?	čeqadr?	چقدر؟
Van wie?	māl-e ki?	مال كی؟

4. Voorzetsels

met (bijv. ~ beleg)	bā	با
zonder (~ accent)	bedune	بدون
naar (in de richting van)	be	به
over (praten ~)	rāje' be	راجع به
voor (in tijd)	piš az	پیش از
voor (aan de voorkant)	dar moqābel	در مقابل
onder (lager dan)	zir	زیر
boven (hoger dan)	bālā-ye	بالای
op (bovenop)	ruy	روی
van (uit, afkomstig van)	az	از
van (gemaakt van)	az	از
over (bijv. ~ een uur)	tā	تا
over (over de bovenkant)	az bālāye	از بالای

5. Functiewoorden. Bijwoorden. Deel 1

Waar?	kojā?	کجا؟
hier (bw)	in jā	این جا
daar (bw)	ānjā	آنجا

ergens (bw)	jā-yi	جایی
nergens (bw)	hič kojā	هیچ کجا

bij ... (in de buurt)	nazdik	نزدیک
bij het raam	nazdik panjere	نزدیک پنجره

Waarheen?	kojā?	کجا؟
hierheen (bw)	in jā	این جا
daarheen (bw)	ānjā	آنجا
hiervandaan (bw)	az injā	از اینجا
daarvandaan (bw)	az ānjā	از آنجا

dichtbij (bw)	nazdik	نزدیک
ver (bw)	dur	دور

in de buurt (van ...)	nazdik	نزدیک
dichtbij (bw)	nazdik	نزدیک
niet ver (bw)	nazdik	نزدیک

linker (bn)	čap	چپ
links (bw)	dast-e čap	دست چپ
linksaf, naar links (bw)	be čap	به چپ

rechter (bn)	rāst	راست
rechts (bw)	dast-e rāst	دست راست
rechtsaf, naar rechts (bw)	be rāst	به راست

vooraan (bw)	jelo	جلو
voorste (bn)	jelo	جلو
vooruit (bw)	jelo	جلو

achter (bw)	aqab	عقب
van achteren (bw)	az aqab	از عقب
achteruit (naar achteren)	aqab	عقب

midden (het)	vasat	وسط
in het midden (bw)	dar vasat	در وسط

opzij (bw)	pahlu	پهلو
overal (bw)	hame jā	همه جا
omheen (bw)	atrāf	اطراف

binnenuit (bw)	az daxel	از داخل
naar ergens (bw)	jā-yi	جایی
rechtdoor (bw)	mostaqim	مستقیم
terug (bijv. ~ komen)	aqab	عقب
ergens vandaan (bw)	az har jā	از هر جا
ergens vandaan (en dit geld moet ~ komen)	az yek jā-yi	از یک جایی

ten eerste (bw)	avvalan	اولاً
ten tweede (bw)	dumā	دوما
ten derde (bw)	sālesan	ثالثاً

plotseling (bw)	nāgahān	ناگهان
in het begin (bw)	dar avval	در اول
voor de eerste keer (bw)	barā-ye avvalin bār	برای اولین بار
lang voor ... (bw)	xeyli vaqt piš	خیلی وقت پیش
opnieuw (bw)	az now	از نو
voor eeuwig (bw)	barā-ye hamiše	برای همیشه

nooit (bw)	hič vaqt	هیچ وقت
weer (bw)	dobāre	دوباره
nu (bw)	alān	الان
vaak (bw)	aqlab	اغلب
toen (bw)	ān vaqt	آن وقت
urgent (bw)	foran	فوراً
meestal (bw)	ma'mulan	معمولاً

trouwens, ... (tussen haakjes)	rāst-i	راستی
mogelijk (bw)	momken ast	ممکن است
waarschijnlijk (bw)	ehtemālan	احتمالاً
misschien (bw)	šāyad	شاید
trouwens (bw)	bealāve	بعلاوه
daarom ...	be hamin xāter	به همین خاطر
in weerwil van ...	alāraqm	علیرغم
dankzij ...	be lotf	به لطف

wat (vn)	če?	چه؟
dat (vw)	ke	که
iets (vn)	yek čiz-i	یک چیزی
iets	yek kāri	یک کاری
niets (vn)	hič čiz	هیچ چیز

wie (~ is daar?)	ki	کی
iemand (een onbekende)	yek kas-i	یک کسی
iemand (een bepaald persoon)	yek kas-i	یک کسی

niemand (vn)	hič kas	هیچ کس
nergens (bw)	hič kojā	هیچ کجا
niemands (bn)	māl-e hičkas	مال هیچ کس
iemands (bn)	har kas-i	هر کسی

zo (Ik ben ~ blij)	xeyli	خیلی
ook (evenals)	ham	هم
alsook (eveneens)	ham	هم

6. Functiewoorden. Bijwoorden. Deel 2

Waarom?	čerā?	چرا؟
om een bepaalde reden	be dalil-i	به دلیلی
omdat ...	čon	چون

voor een bepaald doel	barā-ye maqsudi	برای مقصودی
en (vw)	va	و
of (vw)	yā	یا
maar (vw)	ammā	اما
voor (vz)	barā-ye	برای

te (~ veel mensen)	besyār	بسیار
alleen (bw)	faqat	فقط
precies (bw)	daqiqan	دقیقا
ongeveer (~ 10 kg)	taqriban	تقریباً

omstreeks (bw)	taqriban	تقریباً
bij benadering (bn)	taqribi	تقریبی
bijna (bw)	taqriban	تقریباً
rest (de)	baqiye	بقیه

de andere (tweede)	digar	دیگر
ander (bn)	digar	دیگر
elk (bn)	har	هر
om het even welk	har	هر
veel (grote hoeveelheid)	ziyād	زیاد
veel mensen	besyāri	بسیاری
iedereen (alle personen)	hame	همه

in ruil voor ...	dar avaz	در عوض
in ruil (bw)	dar barābar	در برابر
met de hand (bw)	dasti	دستی
onwaarschijnlijk (bw)	baid ast	بعید است

waarschijnlijk (bw)	ehtemālan	احتمالاً
met opzet (bw)	amdan	عمداً
toevallig (bw)	tasādofi	تصادفی

zeer (bw)	besyār	بسیار
bijvoorbeeld (bw)	masalan	مثلاً
tussen (~ twee steden)	beyn	بین
tussen (te midden van)	miyān	میان
zoveel (bw)	in qadr	این قدر
vooral (bw)	maxsusan	مخصوصاً

GETALLEN. DIVERSEN

7. Kardinale getallen. Deel 1

nul	sefr	صفر
een	yek	یک
twee	do	دو
drie	se	سه
vier	čāhār	چهار
vijf	panj	پنج
zes	šeš	شش
zeven	haft	هفت
acht	hašt	هشت
negen	neh	نه
tien	dah	ده
elf	yāzdah	یازده
twaalf	davāzdah	دوازده
dertien	sizdah	سیزده
veertien	čāhārdah	چهارده
vijftien	pānzdah	پانزده
zestien	šānzdah	شانزده
zeventien	hefdah	هفده
achttien	hijdah	هیجده
negentien	nuzdah	نوزده
twintig	bist	بیست
eenentwintig	bist-o yek	بیست ویک
tweeëntwintig	bist-o do	بیست ودو
drieëntwintig	bist-o se	بیست وسه
dertig	si	سی
eenendertig	si-yo yek	سی ویک
tweeëndertig	si-yo do	سی ودو
drieëndertig	si-yo se	سی وسه
veertig	čehel	چهل
eenenveertig	čehel-o yek	چهل ویک
tweeënveertig	čehel-o do	چهل ودو
drieënveertig	čehel-o se	چهل وسه
vijftig	panjāh	پنجاه
eenenvijftig	panjāh-o yek	پنجاه ویک
tweeënvijftig	panjāh-o do	پنجاه ودو
drieënvijftig	panjāh-o se	پنجاه وسه
zestig	šast	شصت
eenenzestig	šast-o yek	شصت ویک

| tweeënzestig | šast-o do | شصت ودو |
| drieënzestig | šast-o se | شصت وسه |

zeventig	haftād	هفتاد
eenenzeventig	haftād-o yek	هفتاد ویک
tweeënzeventig	haftād-o do	هفتاد ودو
drieënzeventig	haftād-o se	هفتاد وسه

tachtig	haštād	هشتاد
eenentachtig	haštād-o yek	هشتاد ویک
tweeëntachtig	haštād-o do	هشتاد ودو
drieëntachtig	haštād-o se	هشتاد وسه

negentig	navad	نود
eenennegentig	navad-o yek	نود ویک
tweeënnegentig	navad-o do	نود ودو
drieënnegentig	navad-o se	نود وسه

8. Kardinale getallen. Deel 2

honderd	sad	صد
tweehonderd	devist	دویست
driehonderd	sisad	سیصد
vierhonderd	čāhārsad	چهارصد
vijfhonderd	pānsad	پانصد

zeshonderd	šešsad	ششصد
zevenhonderd	haftsad	هفتصد
achthonderd	haštsad	هشتصد
negenhonderd	nohsad	نهصد

duizend	hezār	هزار
tweeduizend	dohezār	دوهزار
drieduizend	se hezār	سه هزار
tienduizend	dah hezār	ده هزار
honderdduizend	sad hezār	صد هزار
miljoen (het)	milyun	میلیون
miljard (het)	milyārd	میلیارد

9. Ordinale getallen

eerste (bn)	avvalin	اولین
tweede (bn)	dovvomin	دومین
derde (bn)	sevvomin	سومین
vierde (bn)	čāhāromin	چهارمین
vijfde (bn)	panjomin	پنجمین

zesde (bn)	šešomin	ششمین
zevende (bn)	haftomin	هفتمین
achtste (bn)	haštomin	هشتمین
negende (bn)	nohomin	نهمین
tiende (bn)	dahomin	دهمین

KLEUREN. MEETEENHEDEN

10. Kleuren

kleur (de)	rang	رنگ
tint (de)	teyf-e rang	طیف رنگ
kleurnuance (de)	rangmaye	رنگمایه
regenboog (de)	rangin kamān	رنگین کمان
wit (bn)	sefid	سفید
zwart (bn)	siyāh	سیاه
grijs (bn)	xākestari	خاکستری
groen (bn)	sabz	سبز
geel (bn)	zard	زرد
rood (bn)	sorx	سرخ
blauw (bn)	abi	آبی
lichtblauw (bn)	ābi rowšan	آبی روشن
roze (bn)	surati	صورتی
oranje (bn)	nārenji	نارنجی
violet (bn)	banafš	بنفش
bruin (bn)	qahve i	قهوه ای
goud (bn)	talāyi	طلایی
zilverkleurig (bn)	noqre i	نقره ای
beige (bn)	baž	بژ
roomkleurig (bn)	kerem	کرم
turkoois (bn)	firuze i	فیروزه ای
kersrood (bn)	ālbāluyi	آلبالویی
lila (bn)	banafš yasi	بنفش یاسی
karmijnrood (bn)	zereški	زرشکی
licht (bn)	rowšan	روشن
donker (bn)	tire	تیره
fel (bn)	rowšan	روشن
kleur-, kleurig (bn)	rangi	رنگی
kleuren- (abn)	rangi	رنگی
zwart-wit (bn)	siyāh-o sefid	سیاه و سفید
eenkleurig (bn)	yek rang	یک رنگ
veelkleurig (bn)	rangārang	رنگارنگ

11. Meeteenheden

gewicht (het)	vazn	وزن
lengte (de)	tul	طول

breedte (de)	arz	عرض
hoogte (de)	ertefā'	ارتفاع
diepte (de)	omq	عمق
volume (het)	hajm	حجم
oppervlakte (de)	masāhat	مساحت
gram (het)	garm	گرم
milligram (het)	mili geram	میلی گرم
kilogram (het)	kilugeram	کیلوگرم
ton (duizend kilo)	ton	تن
pond (het)	pond	پوند
ons (het)	ons	اونس
meter (de)	metr	متر
millimeter (de)	mili metr	میلی متر
centimeter (de)	sāntimetr	سانتیمتر
kilometer (de)	kilumetr	کیلومتر
mijl (de)	māyel	مایل
duim (de)	inč	اینچ
voet (de)	fowt	فوت
yard (de)	yārd	یارد
vierkante meter (de)	metr morabba'	متر مربع
hectare (de)	hektār	هکتار
liter (de)	litr	لیتر
graad (de)	daraje	درجه
volt (de)	volt	ولت
ampère (de)	āmper	آمپر
paardenkracht (de)	asb-e boxār	اسب بخار
hoeveelheid (de)	meqdār	مقدار
een beetje ...	kami	کمی
helft (de)	nim	نیم
dozijn (het)	dojin	دوجین
stuk (het)	tā	تا
afmeting (de)	andāze	اندازه
schaal (bijv. ~ van 1 op 50)	meqyās	مقیاس
minimaal (bn)	haddeaqal	حداقل
minste (bn)	kučaktarin	کوچکترین
medium (bn)	motevasset	متوسط
maximaal (bn)	haddeaksar	حداکثر
grootste (bn)	bištarin	بیشترین

12. Containers

glazen pot (de)	šišeh konserv	شیشه کنسرو
blik (conserven~)	quti	قوطی
emmer (de)	satl	سطل
ton (bijv. regenton)	boške	بشکه
ronde waterbak (de)	tašt	تشت

tank (bijv. watertank-70-ltr)	maxzan	مخزن
heupfles (de)	qomqome	قمقمه
jerrycan (de)	dabbe	دبه
tank (bijv. ketelwagen)	maxzan	مخزن
beker (de)	livān	لیوان
kopje (het)	fenjān	فنجان
schoteltje (het)	na'lbeki	نعلبکی
glas (het)	estekān	استکان
wijnglas (het)	gilās-e šarāb	گیلاس شراب
pan (de)	qāblame	قابلمه
fles (de)	botri	بطری
flessenhals (de)	gardan-e botri	گردن بطری
karaf (de)	tong	تنگ
kruik (de)	pārč	پارچ
vat (het)	zarf	ظرف
pot (de)	sofāl	سفال
vaas (de)	goldān	گلدان
flacon (de)	botri	بطری
flesje (het)	viyāl	ویال
tube (bijv. ~ tandpasta)	tiyub	تیوب
zak (bijv. ~ aardappelen)	kise	کیسه
tasje (het)	pākat	پاکت
pakje (~ sigaretten, enz.)	baste	بسته
doos (de)	ja'be	جعبه
kist (de)	sanduq	صندوق
mand (de)	sabad	سبد

BELANGRIJKSTE WERKWOORDEN

13. De belangrijkste werkwoorden. Deel 1

aanbevelen (ww)	towsie kardan	توصیه کردن
aandringen (ww)	esrār kardan	اصرار کردن
aankomen (per auto, enz.)	residan	رسیدن
aanraken (ww)	lams kardan	لمس کردن
adviseren (ww)	nasihat kardan	نصیحت کردن
afdalen (on.ww.)	pāyin āmadan	پایین آمدن
afslaan (naar rechts ~)	pičidan	پیچیدن
antwoorden (ww)	javāb dādan	جواب دادن
bang zijn (ww)	tarsidan	ترسیدن
bedreigen (bijv. met een pistool)	tahdid kardan	تهدید کردن
bedriegen (ww)	farib dādan	فریب دادن
beëindigen (ww)	be pāyān resāndan	به پایان رساندن
beginnen (ww)	šoru' kardan	شروع کردن
begrijpen (ww)	fahmidan	فهمیدن
beheren (managen)	edāre kardan	اداره کردن
beledigen (met scheldwoorden)	towhin kardan	توهین کردن
beloven (ww)	qowl dādan	قول دادن
bereiden (koken)	poxtan	پختن
bespreken (spreken over)	bahs kardan	بحث کردن
bestellen (eten ~)	sefāreš dādan	سفارش دادن
bestraffen (een stout kind ~)	tanbih kardan	تنبیه کردن
betalen (ww)	pardāxtan	پرداختن
betekenen (beduiden)	ma'ni dāštan	معنی داشتن
betreuren (ww)	afsus xordan	افسوس خوردن
bevallen (prettig vinden)	dust dāštan	دوست داشتن
bevelen (mil.)	farmān dādan	فرمان دادن
bevrijden (stad, enz.)	āzād kardan	آزاد کردن
bewaren (ww)	hefz kardan	حفظ کردن
bezitten (ww)	sāheb budan	صاحب بودن
bidden (praten met God)	do'ā kardan	دعا کردن
binnengaan (een kamer ~)	vāred šodan	وارد شدن
breken (ww)	šekastan	شکستن
controleren (ww)	kontorol kardan	کنترل کردن
creëren (ww)	ijād kardan	ایجاد کردن
deelnemen (ww)	šerekat kardan	شرکت کردن
denken (ww)	fekr kardan	فکر کردن
doden (ww)	koštan	کشتن

| doen (ww) | anjām dādan | انجام دادن |
| dorst hebben (ww) | tešne budan | تشنه بودن |

14. De belangrijkste werkwoorden. Deel 2

een hint geven	sarnax dādan	سرنخ دادن
eisen (met klem vragen)	darxāst kardan	درخواست کردن
excuseren (vergeven)	baxšidan	بخشیدن
existeren (bestaan)	vojud dāštan	وجود داشتن
gaan (te voet)	raftan	رفتن

gaan zitten (ww)	nešastan	نشستن
gaan zwemmen	ābtani kardan	آبتنی کردن
geven (ww)	dādan	دادن
glimlachen (ww)	labxand zadan	لبخند زدن
goed raden (ww)	hads zadan	حدس زدن

grappen maken (ww)	šuxi kardan	شوخی کردن
graven (ww)	kandan	کندن
hebben (ww)	dāštan	داشتن
helpen (ww)	komak kardan	کمک کردن
herhalen (opnieuw zeggen)	tekrār kardan	تکرار کردن
honger hebben (ww)	gorosne budan	گرسنه بودن

hopen (ww)	omid dāštan	امید داشتن
horen (waarnemen met het oor)	šenidan	شنیدن
huilen (wenen)	gerye kardan	گریه کردن
huren (huis, kamer)	ejāre kardan	اجاره کردن
informeren (informatie geven)	āgah kardan	آگاه کردن
instemmen (akkoord gaan)	movāfeqat kardan	موافقت کردن
jagen (ww)	šekār kardan	شکار کردن
kennen (kennis hebben van iemand)	šenāxtan	شناختن
kiezen (ww)	entexāb kardan	انتخاب کردن
klagen (ww)	šekāyat kardan	شکایت کردن

kosten (ww)	qeymat dāštan	قیمت داشتن
kunnen (ww)	tavānestan	توانستن
lachen (ww)	xandidan	خندیدن
laten vallen (ww)	andāxtan	انداختن
lezen (ww)	xāndan	خواندن

liefhebben (ww)	dust dāštan	دوست داشتن
lunchen (ww)	nāhār xordan	ناهار خوردن
nemen (ww)	bardāštan	برداشتن
nodig zijn (ww)	hāmi budan	حامی بودن

15. De belangrijkste werkwoorden. Deel 3

| onderschatten (ww) | dast-e kam gereftan | دست کم گرفتن |
| ondertekenen (ww) | emzā kardan | امضا کردن |

ontbijten (ww)	sobhāne xordan	صبحانه خوردن
openen (ww)	bāz kardan	باز کردن
ophouden (ww)	bas kardan	بس کردن
opmerken (zien)	motevajjeh šodan	متوجه شدن

opscheppen (ww)	be rox kešidan	به رخ کشیدن
opschrijven (ww)	neveštan	نوشتن
plannen (ww)	barnāmerizi kardan	برنامه ریزی کردن
prefereren (verkiezen)	tarjih dādan	ترجیح دادن
proberen (trachten)	talāš kardan	تلاش کردن
redden (ww)	najāt dādan	نجات دادن

rekenen op ...	hesāb kardan	حساب کردن
rennen (ww)	davidan	دویدن
reserveren (een hotelkamer ~)	rezerv kardan	رزرو کردن
roepen (om hulp)	komak xāstan	کمک خواستن
schieten (ww)	tirandāzi kardan	تیراندازی کردن
schreeuwen (ww)	faryād zadan	فریاد زدن

schrijven (ww)	neveštan	نوشتن
souperen (ww)	šām xordan	شام خوردن
spelen (kinderen)	bāzi kardan	بازی کردن
spreken (ww)	harf zadan	حرف زدن
stelen (ww)	dozdidan	دزدیدن
stoppen (pauzeren)	motevaghef šhodan	متوقف شدن

studeren (Nederlands ~)	dars xāndan	درس خواندن
sturen (zenden)	ferestādan	فرستادن
tellen (optellen)	šemordan	شمردن
toebehoren aan ...	ta'alloq dāštan	تعلق داشتن
toestaan (ww)	ejāze dādan	اجازه دادن
tonen (ww)	nešān dādan	نشان دادن

twijfelen (onzeker zijn)	šok dāštan	شک داشتن
uitgaan (ww)	birun raftan	بیرون رفتن
uitnodigen (ww)	da'vat kardan	دعوت کردن
uitspreken (ww)	talaffoz kardan	تلفظ کردن
uitvaren tegen (ww)	da'vā kardan	دعوا کردن

16. De belangrijkste werkwoorden. Deel 4

vallen (ww)	oftādan	افتادن
vangen (ww)	gereftan	گرفتن
veranderen (anders maken)	avaz kardan	عوض کردن
verbaasd zijn (ww)	mote'ajjeb šodan	متعجب شدن
verbergen (ww)	penhān kardan	پنهان کردن

verdedigen (je land ~)	defā' kardan	دفاع کردن
verenigen (ww)	mottahed kardan	متحد کردن
vergelijken (ww)	moqāyse kardan	مقایسه کردن
vergeten (ww)	farāmuš kardan	فراموش کردن
vergeven (ww)	baxšidan	بخشیدن
verklaren (uitleggen)	touzih dādan	توضیح دادن

verkopen (per stuk ~)	foruxtan	فروختن
vermelden (praten over)	zekr kardan	ذکر کردن
versieren (decoreren)	tazyin kardan	تزیین کردن
vertalen (ww)	tarjome kardan	ترجمه کردن
vertrouwen (ww)	etminān kardan	اطمینان کردن
vervolgen (ww)	edāme dādan	ادامه دادن
verwarren (met elkaar ~)	qāti kardan	قاطی کردن
verzoeken (ww)	xāstan	خواستن
verzuimen (school, enz.)	qāyeb budan	غایب بودن
vinden (ww)	peydā kardan	پیدا کردن
vliegen (ww)	parvāz kardan	پرواز کردن
volgen (ww)	donbāl kardan	دنبال کردن
voorstellen (ww)	pišnahād dādan	پیشنهاد دادن
voorzien (verwachten)	pišbini kardan	پیش بینی کردن
vragen (ww)	porsidan	پرسیدن
waarnemen (ww)	mošāhede kardan	مشاهده کردن
waarschuwen (ww)	hošdār dādan	هشدار دادن
wachten (ww)	montazer budan	منتظر بودن
weerspreken (ww)	moxalefat kardan	مخالفت کردن
weigeren (ww)	rad kardan	رد کردن
werken (ww)	kār kardan	کار کردن
weten (ww)	dānestan	دانستن
willen (verlangen)	xāstan	خواستن
zeggen (ww)	goftan	گفتن
zich haasten (ww)	ajale kardan	عجله کردن
zich interesseren voor ...	alāqe dāštan	علاقه داشتن
zich vergissen (ww)	eštebāh kardan	اشتباه کردن
zich verontschuldigen	ozr xāstan	عذر خواستن
zien (ww)	didan	دیدن
zijn (ww)	budan	بودن
zoeken (ww)	jostoju kardan	جستجو کردن
zwemmen (ww)	šenā kardan	شنا کردن
zwijgen (ww)	sāket māndan	ساکت ماندن

TIJD. KALENDER

17. Dagen van de week

maandag (de)	došanbe	دوشنبه
dinsdag (de)	se šanbe	سه شنبه
woensdag (de)	čāhāršanbe	چهارشنبه
donderdag (de)	panj šanbe	پنج شنبه
vrijdag (de)	jomʿe	جمعه
zaterdag (de)	šanbe	شنبه
zondag (de)	yek šanbe	یک شنبه
vandaag (bw)	emruz	امروز
morgen (bw)	fardā	فردا
overmorgen (bw)	pas fardā	پس فردا
gisteren (bw)	diruz	دیروز
eergisteren (bw)	pariruz	پریروز
dag (de)	ruz	روز
werkdag (de)	ruz-e kāri	روز کاری
feestdag (de)	ruz-e jašn	روز جشن
verlofdag (de)	ruz-e taʿtil	روز تعطیل
weekend (het)	āxar-e hafte	آخر هفته
de hele dag (bw)	tamām-e ruz	تمام روز
de volgende dag (bw)	ruz-e baʿd	روز بعد
twee dagen geleden	do ruz-e piš	دو روز پیش
aan de vooravond (bw)	ruz-e qabl	روز قبل
dag-, dagelijks (bn)	ruzāne	روزانه
elke dag (bw)	har ruz	هر روز
week (de)	hafte	هفته
vorige week (bw)	hafte-ye gozašte	هفته گذشته
volgende week (bw)	hafte-ye āyande	هفته آینده
wekelijks (bn)	haftegi	هفتگی
elke week (bw)	har hafte	هر هفته
twee keer per week	do bār dar hafte	دو بار درهفته
elke dinsdag	har sešanbe	هر سه شنبه

18. Uren. Dag en nacht

morgen (de)	sobh	صبح
's morgens (bw)	sobh	صبح
middag (de)	zohr	ظهر
's middags (bw)	baʿd az zohr	بعد ازظهر
avond (de)	asr	عصر
's avonds (bw)	asr	عصر

nacht (de)	šab	شب
's nachts (bw)	šab	شب
middernacht (de)	nesfe šab	نصفه شب

seconde (de)	sānie	ثانیه
minuut (de)	daqiqe	دقیقه
uur (het)	sāʿat	ساعت
halfuur (het)	nim sāʿat	نیم ساعت
kwartier (het)	yek robʿ	یک ربع
vijftien minuten	pānzdah daqiqe	پانزده دقیقه
etmaal (het)	šabāne ruz	شبانه روز

zonsopgang (de)	tolu-ʿe āftāb	طلوع آفتاب
dageraad (de)	sahar	سحر
vroege morgen (de)	sobh-e zud	صبح زود
zonsondergang (de)	qorub	غروب

's morgens vroeg (bw)	sobh-e zud	صبح زود
vanmorgen (bw)	emruz sobh	امروز صبح
morgenochtend (bw)	fardā sobh	فردا صبح

vanmiddag (bw)	emruz zohr	امروز ظهر
's middags (bw)	baʿd az zohr	بعد ازظهر
morgenmiddag (bw)	fardā baʿd az zohr	فردا بعد ازظهر

| vanavond (bw) | emšab | امشب |
| morgenavond (bw) | fardā šab | فردا شب |

klokslag drie uur	sar-e sāʿat-e se	سر ساعت ۳
ongeveer vier uur	nazdik-e sāʿat-e čāhār	نزدیک ساعت ۴
tegen twaalf uur	nazdik zohr	نزدیک ظهر

over twintig minuten	bist daqiqe-ye digar	۲۰ دقیقه دیگر
over een uur	yek sāʿat-e digar	یک ساعت دیگر
op tijd (bw)	be moqeʿ	به موقع

kwart voor ...	yek robʿ be	یک ربع به
binnen een uur	yek sāʿat-e digar	یک ساعت دیگر
elk kwartier	har pānzdah daqiqe	هر ۵۱ دقیقه
de klok rond	šabāne ruz	شبانه روز

19. Maanden. Seizoenen

januari (de)	žānvie	ژانویه
februari (de)	fevriye	فوریه
maart (de)	mārs	مارس
april (de)	āvril	آوریل
mei (de)	meh	مه
juni (de)	žuan	ژوئن

juli (de)	žuiye	ژوئیه
augustus (de)	owt	اوت
september (de)	septāmbr	سپتامبر
oktober (de)	oktobr	اکتبر

november (de)	novāmbr	نوامبر
december (de)	desāmr	دسامبر
lente (de)	bahār	بهار
in de lente (bw)	dar bahār	در بهار
lente- (abn)	bahāri	بهاری
zomer (de)	tābestān	تابستان
in de zomer (bw)	dar tābestān	در تابستان
zomer-, zomers (bn)	tābestāni	تابستانی
herfst (de)	pāyiz	پاییز
in de herfst (bw)	dar pāyiz	در پاییز
herfst- (abn)	pāyizi	پاییزی
winter (de)	zemestān	زمستان
in de winter (bw)	dar zemestān	در زمستان
winter- (abn)	zemestāni	زمستانی
maand (de)	māh	ماه
deze maand (bw)	in māh	این ماه
volgende maand (bw)	māh-e āyande	ماه آینده
vorige maand (bw)	māh-e gozašte	ماه گذشته
een maand geleden (bw)	yek māh qabl	یک ماه قبل
over een maand (bw)	yek māh digar	یک ماه دیگر
over twee maanden (bw)	do māh-e digar	۲ماه دیگر
de hele maand (bw)	tamām-e māh	تمام ماه
een volle maand (bw)	tamām-e māh	تمام ماه
maand-, maandelijks (bn)	māhāne	ماهانه
maandelijks (bw)	māhāne	ماهانه
elke maand (bw)	har māh	هر ماه
twee keer per maand	do bār dar māh	دو بار درماه
jaar (het)	sāl	سال
dit jaar (bw)	emsāl	امسال
volgend jaar (bw)	sāl-e āyande	سال آینده
vorig jaar (bw)	sāl-e gozašte	سال گذشته
een jaar geleden (bw)	yek sāl qabl	یک سال قبل
over een jaar	yek sāl-e digar	یک سال دیگر
over twee jaar	do sāl-e digar	۲سال دیگر
het hele jaar	tamām-e sāl	تمام سال
een vol jaar	tamām-e sāl	تمام سال
elk jaar	har sāl	هر سال
jaar-, jaarlijks (bn)	sālāne	سالانه
jaarlijks (bw)	sālāne	سالانه
4 keer per jaar	čāhār bār dar sāl	چهار بار در سال
datum (de)	tārix	تاریخ
datum (de)	tārix	تاریخ
kalender (de)	taqvim	تقویم
een half jaar	nim sāl	نیم سال
zes maanden	nim sāl	نیم سال

seizoen (bijv. lente, zomer)	fasl	فصل
eeuw (de)	qarn	قرن

REIZEN. HOTEL

20. Trip. Reizen

toerisme (het)	gardešgari	گردشگری
toerist (de)	turist	توریست
reis (de)	mosāferat	مسافرت
avontuur (het)	mājarā	ماجرا
tocht (de)	safar	سفر
vakantie (de)	moraxxasi	مرخصی
met vakantie zijn	dar moraxassi budan	در مرخصی بودن
rust (de)	esterāhat	استراحت
trein (de)	qatār	قطار
met de trein	bā qatār	با قطار
vliegtuig (het)	havāpeymā	هواپیما
met het vliegtuig	bā havāpeymā	با هواپیما
met de auto	bā otomobil	با اتومبیل
per schip (bw)	dar kešti	با کشتی
bagage (de)	bār	بار
valies (de)	čamedān	چمدان
bagagekarretje (het)	čarx-e hamle bar	چرخ حمل بار
paspoort (het)	gozarnāme	گذرنامه
visum (het)	ravādid	روادید
kaartje (het)	belit	بلیط
vliegticket (het)	belit-e havāpeymā	بلیط هواپیما
reisgids (de)	ketāb-e rāhnamā	کتاب راهنما
kaart (de)	naqše	نقشه
gebied (landelijk ~)	mahal	محل
plaats (de)	jā	جا
exotische bestemming (de)	qarāyeb	غرایب
exotisch (bn)	qarib	غریب
verwonderlijk (bn)	heyrat angiz	حیرت انگیز
groep (de)	goruh	گروه
rondleiding (de)	gardeš	گردش
gids (de)	rāhnamā-ye tur	راهنمای تور

21. Hotel

hotel (het)	hotel	هتل
motel (het)	motel	متل
3-sterren	se setāre	سه ستاره

5-sterren	panj setāre	پنج ستاره
overnachten (ww)	māndan	ماندن
kamer (de)	otāq	اتاق
eenpersoonskamer (de)	otāq-e yeknafare	اتاق یک نفره
tweepersoonskamer (de)	otāq-e do nafare	اتاق دو نفره
een kamer reserveren	otāq rezerv kardan	اتاق رزرو کردن
halfpension (het)	nim pānsiyon	نیم پانسیون
volpension (het)	pānsiyon	پانسیون
met badkamer	bā vān	با وان
met douche	bā duš	با دوش
satelliet-tv (de)	televiziyon-e māhvārei	تلویزیون ماهواره ای
airconditioner (de)	tahviye-ye matbu'	تهویه مطبوع
handdoek (de)	howle	حوله
sleutel (de)	kelid	کلید
administrateur (de)	edāre-ye konande	اداره کننده
kamermeisje (het)	mostaxdem	مستخدم
piccolo (de)	bārbar	باربر
portier (de)	darbān	دربان
restaurant (het)	resturān	رستوران
bar (de)	bār	بار
ontbijt (het)	sobhāne	صبحانه
avondeten (het)	šām	شام
buffet (het)	bufe	بوفه
hal (de)	lābi	لابی
lift (de)	āsānsor	آسانسور
NIET STOREN	mozāhem našavid	مزاحم نشوید
VERBODEN TE ROKEN!	sigār kešidan mamnu'	سیگار کشیدن ممنوع

22. Bezienswaardigheden

monument (het)	mojassame	مجسمه
vesting (de)	qal'e	قلعه
paleis (het)	kāx	کاخ
kasteel (het)	qal'e	قلعه
toren (de)	borj	برج
mausoleum (het)	ārāmgāh	آرامگاه
architectuur (de)	me'māri	معماری
middeleeuws (bn)	qorun-e vasati	قرون وسطی
oud (bn)	qadimi	قدیمی
nationaal (bn)	melli	ملی
bekend (bn)	mašhur	مشهور
toerist (de)	turist	توریست
gids (de)	rāhnamā-ye tur	راهنمای تور
rondleiding (de)	gardeš	گردش
tonen (ww)	nešān dādan	نشان دادن

vertellen (ww)	hekāyat kardan	حکایت کردن
vinden (ww)	peydā kardan	پیدا کردن
verdwalen (de weg kwijt zijn)	gom šodan	گم شدن
plattegrond (~ van de metro)	naqše	نقشه
plattegrond (~ van de stad)	naqše	نقشه
souvenir (het)	sowqāti	سوغاتی
souvenirwinkel (de)	forušgāh-e sowqāti	فروشگاه سوغاتی
foto's maken	aks gereftan	عکس گرفتن
zich laten fotograferen	aks gereftan	عکس گرفتن

VERVOER

23. Vliegveld

luchthaven (de)	forudgāh	فرودگاه
vliegtuig (het)	havāpeymā	هواپیما
luchtvaartmaatschappij (de)	šerkat-e havāpeymāyi	شرکت هواپیمایی
luchtverkeersleider (de)	ma'mur-e kontorol-e terāfik-e havāyi	مأمور کنترل ترافیک هوایی

vertrek (het)	azimat	عزیمت
aankomst (de)	vorud	ورود
aankomen (per vliegtuig)	residan	رسیدن

vertrektijd (de)	zamān-e parvāz	زمان پرواز
aankomstuur (het)	zamān-e vorud	زمان ورود

vertraagd zijn (ww)	ta'xir kardan	تأخیر کردن
vluchtvertraging (de)	ta'xir-e parvāz	تأخیر پرواز

informatiebord (het)	tāblo-ye ettelā'āt	تابلوی اطلاعات
informatie (de)	ettelā'āt	اطلاعات
aankondigen (ww)	e'lām kardan	اعلام کردن
vlucht (bijv. KLM ~)	parvāz	پرواز

douane (de)	gomrok	گمرک
douanier (de)	ma'mur-e gomrok	مأمور گمرک

douaneaangifte (de)	ežhār-nāme	اظهارنامه
invullen (douaneaangifte ~)	por kardan	پر کردن
een douaneaangifte invullen	ezhār-nāme rā por kardan	اظهارنامه را پر کردن
paspoortcontrole (de)	kontorol-e gozarnāme	کنترل گذرنامه

bagage (de)	bār	بار
handbagage (de)	bār-e dasti	بار دستی
bagagekarretje (het)	čarx-e hamle bar	چرخ حمل بار

landing (de)	forud	فرود
landingsbaan (de)	bānd-e forudgāh	باند فرودگاه
landen (ww)	nešastan	نشستن
vliegtuigtrap (de)	pellekān	پلکان

inchecken (het)	ček in	چک این
incheckbalie (de)	bāje-ye kontorol	باجه کنترل
inchecken (ww)	čekin kardan	چکاین کردن
instapkaart (de)	kārt-e parvāz	کارت پرواز
gate (de)	gi-yat xoruj	گیت خروج

transit (de)	terānzit	ترانزیت
wachten (ww)	montazer budan	منتظر بودن

wachtzaal (de)	tālār-e entezār	تالار انتظار
begeleiden (uitwuiven)	badraqe kardan	بدرقه کردن
afscheid nemen (ww)	xodāhāfezi kardan	خداحافظی کردن

24. Vliegtuig

vliegtuig (het)	havāpeymā	هواپیما
vliegticket (het)	belit-e havāpeymā	بلیط هواپیما
luchtvaartmaatschappij (de)	šerkat-e havāpeymāyi	شرکت هواپیمایی
luchthaven (de)	forudgāh	فرودگاه
supersonisch (bn)	māvarā sowt	ماوراء صوت

gezagvoerder (de)	kāpitān	کاپیتان
bemanning (de)	xadame	خدمه
piloot (de)	xalabān	خلبان
stewardess (de)	mehmāndār-e havāpeymā	مهماندار هواپیما
stuurman (de)	nāvbar	ناوبر

vleugels (mv.)	bāl-hā	بال ها
staart (de)	dam	دم
cabine (de)	kābin	کابین
motor (de)	motor	موتور

| landingsgestel (het) | šāssi | شاسی |
| turbine (de) | turbin | توربین |

| propeller (de) | parvāne | پروانه |
| zwarte doos (de) | ja'be-ye siyāh | جعبه سیاه |

| stuur (het) | farmān | فرمان |
| brandstof (de) | suxt | سوخت |

veiligheidskaart (de)	dasturol'amal	دستورالعمل
zuurstofmasker (het)	māsk-e oksižen	ماسک اکسیژن
uniform (het)	oniform	اونیفورم

| reddingsvest (de) | jeliqe-ye nejāt | جلیقة نجات |
| parachute (de) | čatr-e nejāt | چترنجات |

opstijgen (het)	parvāz	پرواز
opstijgen (ww)	parvāz kardan	پرواز کردن
startbaan (de)	bānd-e forudgāh	باند فرودگاه

| zicht (het) | meydān did | میدان دید |
| vlucht (de) | parvāz | پرواز |

| hoogte (de) | ertefā' | ارتفاع |
| luchtzak (de) | čāle-ye havāyi | چاله هوایی |

plaats (de)	jā	جا
koptelefoon (de)	guši	گوشی
tafeltje (het)	sini-ye tāšow	سینی تاشو
venster (het)	panjere	پنجره
gangpad (het)	rāhrow	راهرو

25. Trein

trein (de)	qatār	قطار
elektrische trein (de)	qatār-e barqi	قطار برقی
sneltrein (de)	qatār-e sari'osseyr	قطارسریع السیر
diesellocomotief (de)	lokomotiv-e dizel	لوکوموتیو دیزل
stoomlocomotief (de)	lokomotiv-e boxar	لوکوموتیو بخار
rijtuig (het)	vāgon	واگن
restauratierijtuig (het)	vāgon-e resturān	واگن رستوران
rails (mv.)	reyl-hā	ریل ها
spoorweg (de)	rāh āhan	راه آهن
dwarsligger (de)	reyl-e band	ریل بند
perron (het)	sakku-ye rāh-āhan	سکوی راه آهن
spoor (het)	masir	مسیر
semafoor (de)	nešanar	نشانبر
halte (bijv. kleine treinhalte)	istgāh	ایستگاه
machinist (de)	rānande	راننده
kruier (de)	bārbar	باربر
conducteur (de)	rāhnamā-ye qatār	راهنمای قطار
passagier (de)	mosāfer	مسافر
controleur (de)	kontorol či	کنترل چی
gang (in een trein)	rāhrow	راهرو
noodrem (de)	tormoz-e ezterāri	ترمز اضطراری
coupé (de)	kupe	کوپه
bed (slaapplaats)	taxt-e kupe	تخت کوپه
bovenste bed (het)	taxt-e bālā	تخت بالا
onderste bed (het)	taxt-e pāyin	تخت پایین
beddengoed (het)	raxt-e xāb	رخت خواب
kaartje (het)	belit	بلیط
dienstregeling (de)	barnāme	برنامه
informatiebord (het)	barnāme-ye zamāni	برنامه زمانی
vertrekken	tark kardan	ترک کردن
(De trein vertrekt ...)		
vertrek (ov. een trein)	harekat	حرکت
aankomen (ov. de treinen)	residan	رسیدن
aankomst (de)	vorud	ورود
aankomen per trein	bā qatār āmadan	با قطار آمدن
in de trein stappen	savār-e qatār šodan	سوار قطار شدن
uit de trein stappen	az qatār piyāde šodan	از قطار پیاده شدن
treinwrak (het)	sānehe	سانحه
ontspoord zijn	az xat xārej šodan	از خط خارج شدن
stoomlocomotief (de)	lokomotiv-e boxar	لوکوموتیو بخار
stoker (de)	ātaškār	آتشکار
stookplaats (de)	ātašdān	آتشدان
steenkool (de)	zoqāl sang	زغال سنگ

26. Schip

Nederlands	Transcriptie	فارسی
schip (het)	kešti	کشتی
vaartuig (het)	kešti	کشتی
stoomboot (de)	kešti-ye boxāri	کشتی بخاری
motorschip (het)	qāyeq-e rudxāne	قایق رودخانه
lijnschip (het)	kešti-ye tafrihi	کشتی تفریحی
kruiser (de)	razm nāv	رزم ناو
jacht (het)	qāyeq-e tafrihi	قایق تفریحی
sleepboot (de)	yadak keš	یدک کش
duwbak (de)	kešti-ye bārkeše yadaki	کشتی بارکش یدکی
ferryboot (de)	kešti-ye farābar	کشتی فرابر
zeilboot (de)	kešti-ye bādbāni	کشتی بادبانی
brigantijn (de)	košti dozdān daryā-yi	کشتی دزدان دریایی
ijsbreker (de)	kešti-ye yaxšekan	کشتی یخ شکن
duikboot (de)	zirdaryāyi	زیردریایی
boot (de)	qāyeq	قایق
sloep (de)	qāyeq-e tafrihi	قایق تفریحی
reddingssloep (de)	qāyeq-e nejāt	قایق نجات
motorboot (de)	qāyeq-e motori	قایق موتوری
kapitein (de)	kāpitān	کاپیتان
zeeman (de)	malavān	ملوان
matroos (de)	malavān	ملوان
bemanning (de)	xadame	خدمه
bootsman (de)	sar malavān	سر ملوان
scheepsjongen (de)	šāgerd-e malavān	شاگرد ملوان
kok (de)	āšpaz-e kešti	آشپز کشتی
scheepsarts (de)	pezešk-e kešti	پزشک کشتی
dek (het)	arše-ye kešti	عرشۀ کشتی
mast (de)	dakal	دکل
zeil (het)	bādbān	بادبان
ruim (het)	anbār	انبار
voorsteven (de)	sine-ye kešti	سینه کشتی
achtersteven (de)	aqab kešti	عقب کشتی
roeispaan (de)	pāru	پارو
schroef (de)	parvāne	پروانه
kajuit (de)	otāq-e kešti	اتاق کشتی
officierskamer (de)	otāq-e afsarān	اتاق افسران
machinekamer (de)	motor xāne	موتور خانه
brug (de)	pol-e farmāndehi	پل فرماندهی
radiokamer (de)	kābin-e bisim	کابین بی سیم
radiogolf (de)	mowj	موج
logboek (het)	roxdād nāme	رخداد نامه
verrekijker (de)	teleskop	تلسکوپ
klok (de)	nāqus	ناقوس

vlag (de)	parčam	پرچم
kabel (de)	tanāb	طناب
knoop (de)	gereh	گره
leuning (de)	narde	نرده
trap (de)	pol	پل
anker (het)	langar	لنگر
het anker lichten	langar kešidan	لنگر کشیدن
het anker neerlaten	langar andāxtan	لنگر انداختن
ankerketting (de)	zanjir-e langar	زنجیر لنگر
haven (bijv. containerhaven)	bandar	بندر
kaai (de)	eskele	اسکله
aanleggen (ww)	pahlu gereftan	پهلو گرفتن
wegvaren (ww)	tark kardan	ترک کردن
reis (de)	mosāferat	مسافرت
cruise (de)	safar-e daryāyi	سفر دریایی
koers (de)	masir	مسیر
route (de)	masir	مسیر
vaarwater (het)	kešti-ye ru	کشتی رو
zandbank (de)	mahall-e kam omq	محل کم عمق
stranden (ww)	be gel nešastan	به گل نشستن
storm (de)	tufān	طوفان
signaal (het)	alāmat	علامت
zinken (ov. een boot)	qarq šodan	غرق شدن
Man overboord!	kas-i dar hāl-e qarq šodan-ast!	کسی در حال غرق شدن است!
SOS (noodsignaal)	sos	SOS
reddingsboei (de)	kamarband-e nejāt	کمربند نجات

STAD

27. Stedelijk vervoer

bus, autobus (de)	otobus	اتوبوس
tram (de)	terāmvā	تراموا
trolleybus (de)	otobus-e barqi	اتوبوس برقی
route (de)	xat	خط
nummer (busnummer, enz.)	šomāre	شماره
rijden met …	raftan bā	رفتن با
stappen (in de bus ~)	savār šodan	سوار شدن
afstappen (ww)	piyāde šodan	پیاده شدن
halte (de)	istgāh-e otobus	ایستگاه اتوبوس
volgende halte (de)	istgāh-e ba'di	ایستگاه بعدی
eindpunt (het)	istgāh-e āxar	ایستگاه آخر
dienstregeling (de)	barnāme	برنامه
wachten (ww)	montazer budan	منتظر بودن
kaartje (het)	belit	بلیط
reiskosten (de)	qeymat-e belit	قیمت بلیت
kassier (de)	sanduqdār	صندوقدار
kaartcontrole (de)	kontorol-e belit	کنترل بلیط
controleur (de)	kontorol či	کنترل چی
te laat zijn (ww)	ta'xir dāštan	تأخیر داشتن
missen (de bus ~)	az dast dādan	از دست دادن
zich haasten (ww)	ajale kardan	عجله کردن
taxi (de)	tāksi	تاکسی
taxichauffeur (de)	rānande-ye tāksi	راننده تاکسی
met de taxi (bw)	bā tāksi	با تاکسی
taxistandplaats (de)	istgāh-e tāksi	ایستگاه تاکسی
een taxi bestellen	tāksi gereftan	تاکسی گرفتن
een taxi nemen	tāksi gereftan	تاکسی گرفتن
verkeer (het)	obur-o morur	عبور و مرور
file (de)	terāfik	ترافیک
spitsuur (het)	sā'at-e šoluqi	ساعت شلوغی
parkeren (on.ww.)	pārk kardan	پارک کردن
parkeren (ov.ww.)	pārk kardan	پارک کردن
parking (de)	pārking	پارکینگ
metro (de)	metro	مترو
halte (bijv. kleine treinhalte)	istgāh	ایستگاه
de metro nemen	bā metro raftan	با مترو رفتن
trein (de)	qatār	قطار
station (treinstation)	istgāh-e rāh-e āhan	ایستگاه راه آهن

28. Stad. Het leven in de stad

stad (de)	šahr	شهر
hoofdstad (de)	pāytaxt	پایتخت
dorp (het)	rustā	روستا
plattegrond (de)	naqše-ye šahr	نقشهٔ شهر
centrum (ov. een stad)	markaz-e šahr	مرکز شهر
voorstad (de)	hume-ye šahr	حومهٔ شهر
voorstads- (abn)	hume-ye šahr	حومهٔ شهر
randgemeente (de)	hume	حومه
omgeving (de)	hume	حومه
blok (huizenblok)	mahalle	محله
woonwijk (de)	mahalle-ye maskuni	محلهٔ مسکونی
verkeer (het)	obur-o morur	عبور و مرور
verkeerslicht (het)	čerāq-e rāhnamā	چراغ راهنما
openbaar vervoer (het)	haml-o naql-e šahri	حمل و نقل شهری
kruispunt (het)	čahārrāh	چهارراه
zebrapad (oversteekplaats)	xatt-e āber-e piyāde	خط عابرپیاده
onderdoorgang (de)	zir-e gozar	زیر گذر
oversteken (de straat ~)	obur kardan	عبور کردن
voetganger (de)	piyāde	پیاده
trottoir (het)	piyāde row	پیاده رو
brug (de)	pol	پل
dijk (de)	xiyābān-e sāheli	خیابان ساحلی
fontein (de)	češme	چشمه
allee (de)	bāq rāh	باغ راه
park (het)	pārk	پارک
boulevard (de)	bolvār	بولوار
plein (het)	meydān	میدان
laan (de)	xiyābān	خیابان
straat (de)	xiyābān	خیابان
zijstraat (de)	kuče	کوچه
doodlopende straat (de)	bon bast	بن بست
huis (het)	xāne	خانه
gebouw (het)	sāxtemān	ساختمان
wolkenkrabber (de)	āsemānxarāš	آسمانخراش
gevel (de)	namā	نما
dak (het)	bām	بام
venster (het)	panjere	پنجره
boog (de)	tāq-e qowsi	طاق قوسی
pilaar (de)	sotun	ستون
hoek (ov. een gebouw)	nabš	نبش
vitrine (de)	vitrin	ویترین
gevelreclame (de)	tāblo	تابلو
affiche (de/het)	poster	پوستر
reclameposter (de)	poster-e tabliqāti	پوستر تبلیغاتی

aanplakbord (het)	bilbord	بیلبورد
vuilnis (de/het)	āšqāl	آشغال
vuilnisbak (de)	satl-e āšqāl	سطل آشغال
afval weggooien (ww)	kasif kardan	کثیف کردن
stortplaats (de)	jā-ye dafn-e āšqāl	جای دفن آشغال
telefooncel (de)	kābin-e telefon	کابین تلفن
straatlicht (het)	tir-e barq	تیر برق
bank (de)	nimkat	نیمکت
politieagent (de)	polis	پلیس
politie (de)	polis	پلیس
zwerver (de)	gedā	گدا
dakloze (de)	bi xānomān	بی خانمان

29. Stedelijke instellingen

winkel (de)	maqāze	مغازه
apotheek (de)	dāruxāne	داروخانه
optiek (de)	eynak foruši	عینک فروشی
winkelcentrum (het)	markaz-e tejāri	مرکز تجاری
supermarkt (de)	supermārket	سوپرمارکت
bakkerij (de)	nānvāyi	نانوایی
bakker (de)	nānvā	نانوا
banketbakkerij (de)	qannādi	قنادی
kruidenier (de)	baqqāli	بقالی
slagerij (de)	gušt foruši	گوشت فروشی
groentewinkel (de)	sabzi foruši	سبزی فروشی
markt (de)	bāzār	بازار
koffiehuis (het)	kāfe	کافه
restaurant (het)	resturān	رستوران
bar (de)	bār	بار
pizzeria (de)	pitzā-foruši	پیتزا فروشی
kapperssalon (de/het)	ārāyešgāh	آرایشگاه
postkantoor (het)	post	پست
stomerij (de)	xošk-šuyi	خشک‌شویی
fotostudio (de)	ātolye-ye akkāsi	آتلیۀ عکاسی
schoenwinkel (de)	kafš foruši	کفش فروشی
boekhandel (de)	ketāb-foruši	کتاب فروشی
sportwinkel (de)	maqāze-ye varzeši	مغازۀ ورزشی
kledingreparatie (de)	ta'mir-e lebās	تعمیر لباس
kledingverhuur (de)	kerāye-ye lebās	کرایۀ لباس
videotheek (de)	kerāye-ye film	کرایۀ فیلم
circus (de/het)	sirak	سیرک
dierentuin (de)	bāq-e vahš	باغ وحش
bioscoop (de)	sinamā	سینما
museum (het)	muze	موزه

bibliotheek (de)	ketābxāne	کتابخانه
theater (het)	teātr	تئاتر
opera (de)	operā	اپرا
nachtclub (de)	kābāre	کاباره
casino (het)	kāzino	کازینو

moskee (de)	masjed	مسجد
synagoge (de)	kenešt	کنشت
kathedraal (de)	kelisā-ye jāme'	کلیسای جامع
tempel (de)	ma'bad	معبد
kerk (de)	kelisā	کلیسا

instituut (het)	anistito	انستیتو
universiteit (de)	dānešgāh	دانشگاه
school (de)	madrese	مدرسه

gemeentehuis (het)	ostāndāri	استانداری
stadhuis (het)	šahrdāri	شهرداری
hotel (het)	hotel	هتل
bank (de)	bānk	بانک

ambassade (de)	sefārat	سفارت
reisbureau (het)	āžāns-e jahāngardi	آژانس جهانگردی
informatieloket (het)	daftar-e ettelāāt	دفتر اطلاعات
wisselkantoor (het)	sarrāfi	صرافی

| metro (de) | metro | مترو |
| ziekenhuis (het) | bimārestān | بیمارستان |

| benzinestation (het) | pomp-e benzin | پمپ بنزین |
| parking (de) | pārking | پارکینگ |

30. Borden

gevelreclame (de)	tāblo	تابلو
opschrift (het)	nevešte	نوشته
poster (de)	poster	پوستر
wegwijzer (de)	rāhnamā	راهنما
pijl (de)	alāmat	علامت

waarschuwing (verwittiging)	ehtiyāt	احتیاط
waarschuwingsbord (het)	alāmat-e hošdār	علامت هشدار
waarschuwen (ww)	hošdār dādan	هشدار دادن

vrije dag (de)	ruz-e ta'til	روز تعطیل
dienstregeling (de)	jadval	جدول
openingsuren (mv.)	sā'athā-ye kāri	ساعت های کاری

WELKOM!	xoš āmadid	خوش آمدید
INGANG	vorud	ورود
UITGANG	xoruj	خروج

| DUWEN | hel dādan | هل دادن |
| TREKKEN | bekešid | بکشید |

OPEN	bāz	باز
GESLOTEN	baste	بسته
DAMES	zanāne	زنانه
HEREN	mardāne	مردانه
KORTING	taxfif	تخفیف
UITVERKOOP	harāj	حراج
NIEUW!	jadid	جدید
GRATIS	majjāni	مجانی
PAS OP!	tavajjoh	توجه
VOLGEBOEKT	otāq-e xāli nadārim	اتاق خالی نداریم
GERESERVEERD	rezerv šode	رزرو شده
ADMINISTRATIE	edāre	اداره
ALLEEN VOOR PERSONEEL	xāse personel	خاص پرسنل
GEVAARLIJKE HOND	movāzeb-e sag bāšid	مواظب سگ باشید
VERBODEN TE ROKEN!	sigār kešidan mamnuʾ	سیگار کشیدن ممنوع
NIET AANRAKEN!	dast nazanid	دست نزنید
GEVAARLIJK	xatarnāk	خطرناک
GEVAAR	xatar	خطر
HOOGSPANNING	voltāj bālā	ولتاژ بالا
VERBODEN TE ZWEMMEN	šenā mamnuʿ	شنا ممنوع
BUITEN GEBRUIK	xārāb	خراب
ONTVLAMBAAR	qābel-e ehterāq	قابل احتراق
VERBODEN	mamnuʿ	ممنوع
DOORGANG VERBODEN	obur mamnuʿ	عبور ممنوع
OPGELET PAS GEVERFD	rang-e xis	رنگ خیس

31. Winkelen

kopen (ww)	xarid kardan	خرید کردن
aankoop (de)	xarid	خرید
winkelen (ww)	xarid kardan	خرید کردن
winkelen (het)	xarid	خرید
open zijn (ov. een winkel, enz.)	bāz budan	باز بودن
gesloten zijn (ww)	baste budan	بسته بودن
schoeisel (het)	kafš	کفش
kleren (mv.)	lebās	لباس
cosmetica (mv.)	lavāzem-e ārāyeši	لوازم آرایشی
voedingswaren (mv.)	mavādd-e qazāyi	مواد غذایی
geschenk (het)	hedye	هدیه
verkoper (de)	forušande	فروشنده
verkoopster (de)	forušande-ye zan	فروشنده زن
kassa (de)	sanduq	صندوق

spiegel (de)	āyene	آینه
toonbank (de)	pišxān	پیشخوان
paskamer (de)	otāq porov	اتاق پرو
aanpassen (ww)	emtehān kardan	امتحان کردن
passen (ov. kleren)	monāseb budan	مناسب بودن
bevallen (prettig vinden)	dust dāštan	دوست داشتن
prijs (de)	qeymat	قیمت
prijskaartje (het)	barčasb-e qeymat	برچسب قیمت
kosten (ww)	qeymat dāštan	قیمت داشتن
Hoeveel?	čeqadr?	چقدر؟
korting (de)	taxfif	تخفیف
niet duur (bn)	arzān	ارزان
goedkoop (bn)	arzān	ارزان
duur (bn)	gerān	گران
Dat is duur.	gerān ast	گران است
verhuur (de)	kerāye	کرایه
huren (smoking, enz.)	kerāye kardan	کرایه کردن
krediet (het)	vām	وام
op krediet (bw)	xarid-e e'tebāri	خرید اعتباری

KLEDING EN ACCESSOIRES

32. Bovenkleding. Jassen

kleren (mv.)	lebās	لباس
bovenkleding (de)	lebās-e ru	لباس رو
winterkleding (de)	lebās-e zemestāni	لباس زمستانی
jas (de)	pāltow	پالتو
bontjas (de)	pālto-ye pustin	پالتوی پوستین
bontjasje (het)	kot-e pustin	کت پوستین
donzen jas (de)	kāpšan	کاپشن
jasje (bijv. een leren ~)	kot	کت
regenjas (de)	bārāni	بارانی
waterdicht (bn)	zed-e āb	ضد آب

33. Heren & dames kleding

overhemd (het)	pirāhan	پیراهن
broek (de)	šalvār	شلوار
jeans (de)	jin	جین
colbert (de)	kot	کت
kostuum (het)	kat-o šalvār	کت و شلوار
jurk (de)	lebās	لباس
rok (de)	dāman	دامن
blouse (de)	boluz	بلوز
wollen vest (de)	jeliqe-ye kešbāf	جلیقه کشباف
blazer (kort jasje)	kot	کت
T-shirt (het)	tey šarr-at	تی شرت
shorts (mv.)	šalvarak	شلوارک
trainingspak (het)	lebās-e varzeši	لباس ورزشی
badjas (de)	howle-ye hamām	حوله حمام
pyjama (de)	pižāme	پیژامه
sweater (de)	poliver	پلیور
pullover (de)	poliver	پلیور
gilet (het)	jeliqe	جلیقه
rokkostuum (het)	kat-e dāman gerd	کت دامن گرد
smoking (de)	esmoking	اسموکینگ
uniform (het)	oniform	اونیفورم
werkkleding (de)	lebās-e kār	لباس کار
overall (de)	rupuš	روپوش
doktersjas (de)	rupuš	روپوش

34. Kleding. Ondergoed

ondergoed (het)	lebās-e zir	لباس زير
herenslip (de)	šort-e bākser	شورت باكسر
slipjes (mv.)	šort-e zanāne	شورت زنانه
onderhemd (het)	zir-e pirāhan-i	زير پيراهنى
sokken (mv.)	jurāb	جوراب
nachthemd (het)	lebās-e xāb	لباس خواب
beha (de)	sine-ye band	سينه بند
kniekousen (mv.)	sāq	ساق
panty (de)	jurāb-e šalvāri	جوراب شلوارى
nylonkousen (mv.)	jurāb-e sāqeboland	جوراب ساقه بلند
badpak (het)	māyo	مايو

35. Hoofddeksels

hoed (de)	kolāh	كلاه
deukhoed (de)	šāpo	شاپو
honkbalpet (de)	kolāh beysbāl	كلاه بيس بال
kleppet (de)	kolāh-e taxt	كلاه تخت
baret (de)	kolāh barre	كلاه بره
kap (de)	kolāh-e bārāni	كلاه بارانى
panamahoed (de)	kolāh-e dowre-ye boland	كلاه دوره بلند
gebreide muts (de)	kolāh-e bāftani	كلاه بافتنى
hoofddoek (de)	rusari	روسرى
dameshoed (de)	kolāh-e zanāne	كلاه زنانه
veiligheidshelm (de)	kolāh-e imeni	كلاه ايمنى
veldmuts (de)	kolāh-e pādegān	كلاه پادگان
helm, valhelm (de)	kolāh-e imeni	كلاه ايمنى
bolhoed (de)	kolāh-e namadi	كلاه نمدى
hoge hoed (de)	kolāh-e ostovānei	كلاه استوانه اى

36. Schoeisel

schoeisel (het)	kafš	كفش
schoenen (mv.)	putin	پوتين
vrouwenschoenen (mv.)	kafš	كفش
laarzen (mv.)	čakme	چكمه
pantoffels (mv.)	dampāyi	دمپايى
sportschoenen (mv.)	kafš katān-i	كفش كتانى
sneakers (mv.)	kafš katān-i	كفش كتانى
sandalen (mv.)	sandal	صندل
schoenlapper (de)	kaffāš	كفاش
hiel (de)	pāšne-ye kafš	پاشنة كفش

paar (een ~ schoenen)	yek joft	یک جفت
veter (de)	band-e kafš	بند کفش
rijgen (schoenen ~)	band-e kafš bastan	بند کفش بستن
schoenlepel (de)	pāšne keš	پاشنه کش
schoensmeer (de/het)	vāks	واکس

37. Persoonlijke accessoires

handschoenen (mv.)	dastkeš	دستکش
wanten (mv.)	dastkeš-e yek angošti	دستکش یک انگشتی
sjaal (fleece ~)	šāl-e gardan	شال گردن
bril (de)	eynak	عینک
brilmontuur (het)	qāb	قاب
paraplu (de)	čatr	چتر
wandelstok (de)	asā	عصا
haarborstel (de)	bores-e mu	برس مو
waaier (de)	bādbezan	بادبزن
das (de)	kerāvāt	کراوات
strikje (het)	pāpiyon	پاپیون
bretels (mv.)	band šalvār	بند شلوار
zakdoek (de)	dastmāl	دستمال
kam (de)	šāne	شانه
haarspeldje (het)	sanjāq-e mu	سنجاق مو
schuifspeldje (het)	sanjāq-e mu	سنجاق مو
gesp (de)	sagak	سگک
broekriem (de)	kamarband	کمربند
draagriem (de)	tasme	تسمه
handtas (de)	keyf	کیف
damestas (de)	keyf-e zanāne	کیف زنانه
rugzak (de)	kule pošti	کولۀ پشتی

38. Kleding. Diversen

mode (de)	mod	مد
de mode (bn)	mod	مد
kledingstilist (de)	tarrāh-e lebas	طراح لباس
kraag (de)	yaqe	یقه
zak (de)	jib	جیب
zak- (abn)	jibi	جیبی
mouw (de)	āstin	آستین
lusje (het)	band-e āviz	بند آویز
gulp (de)	zip	زیپ
rits (de)	zip	زیپ
sluiting (de)	sagak	سگک
knoop (de)	dokme	دکمه

| knoopsgat (het) | suräx-e dokme | سوراخ دکمه |
| losraken (bijv. knopen) | kande šodan | کنده شدن |

naaien (kleren, enz.)	duxtan	دوختن
borduren (ww)	golduzi kardan	گلدوزی کردن
borduursel (het)	golduzi	گلدوزی
naald (de)	suzan	سوزن
draad (de)	nax	نخ
naad (de)	darz	درز

vies worden (ww)	kasif šodan	کثیف شدن
vlek (de)	lakke	لکه
gekreukt raken (ov. kleren)	čoruk šodan	چروک شدن
scheuren (ov.ww.)	päre kardan	پاره کردن
mot (de)	šab parre	شب پره

39. Persoonlijke verzorging. Schoonheidsmiddelen

tandpasta (de)	xamir-e dandän	خمیر دندان
tandenborstel (de)	mesväk	مسواک
tanden poetsen (ww)	mesväk zadan	مسواک زدن

scheermes (het)	tiq	تیغ
scheerschuim (het)	kerem-e riš taräši	کرم ریش تراشی
zich scheren (ww)	riš taräšidan	ریش تراشیدن

| zeep (de) | säbun | صابون |
| shampoo (de) | šämpu | شامپو |

schaar (de)	qeyči	قیچی
nagelvijl (de)	sohan-e näxon	سوهان ناخن
nagelknipper (de)	näxon gir	ناخن گیر
pincet (het)	mučin	موچین

cosmetica (mv.)	laväzem-e äräyeši	لوازم آرایشی
masker (het)	mäsk	ماسک
manicure (de)	mänikur	مانیکور
manicure doen	mänikur kardan	مانیکور کردن
pedicure (de)	pedikur	پدیکور

cosmetica tasje (het)	kife laväzem-e äräyeši	کیف لوازم آرایشی
poeder (de/het)	pudr	پودر
poederdoos (de)	ja'be-ye pudr	جعبۀ پودر
rouge (de)	sorxäb	سرخاب

parfum (de/het)	atr	عطر
eau de toilet (de)	atr	عطر
lotion (de)	losiyon	لوسیون
eau de cologne (de)	odkolon	اودکلن

oogschaduw (de)	säye-ye češm	سایه چشم
oogpotlood (het)	medäd čašm	مداد چشم
mascara (de)	rimel	ریمل
lippenstift (de)	mätik	ماتیک

nagellak (de)	lāk-e nāxon	لاک ناخن
haarlak (de)	esperey-ye mu	اسپری مو
deodorant (de)	deodyrant	دئودورانت

crème (de)	kerem	کرم
gezichtscrème (de)	kerem-e surat	کرم صورت
handcrème (de)	kerem-e dast	کرم دست
antirimpelcrème (de)	kerem-e zedd-e čoruk	کرم ضد چروک
dagcrème (de)	kerem-e ruz	کرم روز
nachtcrème (de)	kerem-e šab	کرم شب
dag- (abn)	ruzāne	روزانه
nacht- (abn)	šab	شب

tampon (de)	tāmpon	تامپون
toiletpapier (het)	kāqaz-e tuālet	کاغذ توالت
föhn (de)	sešovār	سشوار

40. Horloges. Klokken

polshorloge (het)	sā'at-e moči	ساعت مچی
wijzerplaat (de)	safhe-ye sā'at	صفحهٔ ساعت
wijzer (de)	aqrabe	عقربه
metalen horlogeband (de)	band-e sāat	بند ساعت
horlogebandje (het)	band-e čarmi	بند چرمی

batterij (de)	bātri	باطری
leeg zijn (ww)	tamām šodan bātri	تمام شدن باتری
batterij vervangen	bātri avaz kardan	باطری عوض کردن
voorlopen (ww)	jelo oftādan	جلو افتادن
achterlopen (ww)	aqab māndan	عقب ماندن

wandklok (de)	sā'at-e divāri	ساعت دیواری
zandloper (de)	sā'at-e šeni	ساعت شنی
zonnewijzer (de)	sā'at-e āftābi	ساعت آفتابی
wekker (de)	sā'at-e zang dār	ساعت زنگ دار
horlogemaker (de)	sā'at sāz	ساعت ساز
repareren (ww)	ta'mir kardan	تعمیر کردن

ALLEDAAGSE ERVARING

41. Geld

geld (het)	pul	پول
ruil (de)	tabdil-e arz	تبدیل ارز
koers (de)	nerx-e arz	نرخ ارز
geldautomaat (de)	xodpardāz	خودپرداز
muntstuk (de)	sekke	سکه
dollar (de)	dolār	دلار
euro (de)	yuro	یورو
lire (de)	lire	لیره
Duitse mark (de)	mārk	مارک
frank (de)	farānak	فرانک
pond sterling (het)	pond-e esterling	پوند استرلینگ
yen (de)	yen	ین
schuld (geldbedrag)	qarz	قرض
schuldenaar (de)	bedehkār	بدهکار
uitlenen (ww)	qarz dādan	قرض دادن
lenen (geld ~)	qarz gereftan	قرض گرفتن
bank (de)	bānk	بانک
bankrekening (de)	hesāb-e bānki	حساب بانکی
storten (ww)	rixtan	ریختن
op rekening storten	be hesāb rixtan	به حساب ریختن
opnemen (ww)	az hesāb bardāštan	از حساب برداشتن
kredietkaart (de)	kārt-e e'tebāri	کارت اعتباری
baar geld (het)	pul-e naqd	پول نقد
cheque (de)	ček	چک
een cheque uitschrijven	ček neveštan	چک نوشتن
chequeboekje (het)	daste-ye ček	دسته چک
portefeuille (de)	kif-e pul	کیف پول
geldbeugel (de)	kif-e pul	کیف پول
safe (de)	gāvsanduq	گاوصندوق
erfgenaam (de)	vāres	وارث
erfenis (de)	mirās	میراث
fortuin (het)	dārāyi	دارایی
huur (de)	ejāre	اجاره
huurprijs (de)	kerāye-ye xāne	کرایۀ خانه
huren (huis, kamer)	ejāre kardan	اجاره کردن
prijs (de)	qeymat	قیمت
kostprijs (de)	arzeš	ارزش

som (de)	jam'-e kol	جمع کل
uitgeven (geld besteden)	xarj kardan	خرج کردن
kosten (mv.)	maxārej	مخارج
bezuinigen (ww)	sarfeju-yi kardan	صرفه جویی کردن
zuinig (bn)	maqrun besarfe	مقرون به صرفه
betalen (ww)	pardāxtan	پرداختن
betaling (de)	pardāxt	پرداخت
wisselgeld (het)	pul-e xerad	پول خرد
belasting (de)	māliyāt	مالیات
boete (de)	jarime	جریمه
beboeten (bekeuren)	jarime kardan	جریمه کردن

42. Post. Postkantoor

postkantoor (het)	post	پست
post (de)	post	پست
postbode (de)	nāme resān	نامه رسان
openingsuren (mv.)	sā'athā-ye kāri	ساعت های کاری
brief (de)	nāme	نامه
aangetekende brief (de)	nāme-ye sefāreši	نامه سفارشی
briefkaart (de)	kārt-e postāl	کارت پستال
telegram (het)	telegrām	تلگرام
postpakket (het)	baste posti	بسته پستی
overschrijving (de)	havāle	حواله
ontvangen (ww)	gereftan	گرفتن
sturen (zenden)	ferestādan	فرستادن
verzending (de)	ersāl	ارسال
adres (het)	nešāni	نشانی
postcode (de)	kod-e posti	کد پستی
verzender (de)	ferestande	فرستنده
ontvanger (de)	girande	گیرنده
naam (de)	esm	اسم
achternaam (de)	nām-e xānevādegi	نام خانوادگی
tarief (het)	ta'refe	تعرفه
standaard (bn)	ādi	عادی
zuinig (bn)	ādi	عادی
gewicht (het)	vazn	وزن
afwegen (op de weegschaal)	vazn kardan	وزن کردن
envelop (de)	pākat	پاکت
postzegel (de)	tambr	تمبر
een postzegel plakken op	tamr zadan	تمبر زدن

43. Bankieren

bank (de)	bānk	بانک
bankfiliaal (het)	šo'be	شعبه

bankbediende (de)	mošāver	مشاور
manager (de)	modir	مدیر

bankrekening (de)	hesāb-e bānki	حساب بانکی
rekeningnummer (het)	šomāre-ye hesāb	شمارهٔ حساب
lopende rekening (de)	hesāb-e jāri	حساب جاری
spaarrekening (de)	hesāb-e pasandāz	حساب پس انداز

een rekening openen	hesāb-e bāz kardan	حساب باز کردن
de rekening sluiten	hesāb rā bastan	حساب را بستن
op rekening storten	be hesāb rixtan	به حساب ریختن
opnemen (ww)	az hesāb bardāštan	از حساب برداشتن

storting (de)	seporde	سپرده
een storting maken	seporde gozāštan	سپرده گذاشتن
overschrijving (de)	enteqāl	انتقال
een overschrijving maken	enteqāl dādan	انتقال دادن

som (de)	jam'-e kol	جمع کل
Hoeveel?	čeqadr?	چقدر؟

handtekening (de)	emzā'	امضاء
ondertekenen (ww)	emzā kardan	امضا کردن

kredietkaart (de)	kārt-e e'tebāri	کارت اعتباری
code (de)	kod	کد
kredietkaartnummer (het)	šomāre-ye kārt-e e'tebāri	شماره کارت اعتباری
geldautomaat (de)	xodpardāz	خودپرداز

cheque (de)	ček	چک
een cheque uitschrijven	ček neveštan	چک نوشتن
chequeboekje (het)	daste-ye ček	دسته چک

lening, krediet (de)	e'tebār	اعتبار
een lening aanvragen	darxāst-e vam kardan	درخواست وام کردن
een lening nemen	vām gereftan	وام گرفتن
een lening verlenen	vām dādan	وام دادن
garantie (de)	zemānat	ضمانت

44. Telefoon. Telefoongesprek

telefoon (de)	telefon	تلفن
mobieltje (het)	telefon-e hamrāh	تلفن همراه
antwoordapparaat (het)	monši-ye telefoni	منشی تلفنی

bellen (ww)	telefon zadan	تلفن زدن
belletje (telefoontje)	tamās-e telefoni	تماس تلفنی

een nummer draaien	šomāre gereftan	شماره گرفتن
Hallo!	alo!	الو!
vragen (ww)	porsidan	پرسیدن
antwoorden (ww)	javāb dādan	جواب دادن
horen (ww)	šenidan	شنیدن
goed (bw)	xub	خوب

| slecht (bw) | bad | بد |
| storingen (mv.) | sedā | صدا |

hoorn (de)	guši	گوشی
opnemen (ww)	guši rā bar dāštan	گوشی را برداشتن
ophangen (ww)	guši rā gozāštan	گوشی را گذاشتن

bezet (bn)	mašqul	مشغول
overgaan (ww)	zang zadan	زنگ زدن
telefoonboek (het)	daftar-e telefon	دفتر تلفن

lokaal (bn)	mahalli	محلی
lokaal gesprek (het)	telefon-e dāxeli	تلفن داخلی
interlokaal (bn)	beyn-e šahri	بین شهری
interlokaal gesprek (het)	telefon-e beyn-e šahri	تلفن بین شهری
buitenlands (bn)	beynolmelali	بین المللی
buitenlands gesprek (het)	telefon-e beynolmelali	تلفن بین المللی

45. Mobiele telefoon

mobieltje (het)	telefon-e hamrāh	تلفن همراه
scherm (het)	namāyešgar	نمایشگر
toets, knop (de)	dokme	دکمه
simkaart (de)	sim-e kārt	سیم کارت

batterij (de)	bātri	باطری
leeg zijn (ww)	tamām šodan bātri	تمام شدن باتری
acculader (de)	šāržer	شارژ

menu (het)	meno	منو
instellingen (mv.)	tanzimāt	تنظیمات
melodie (beltoon)	āhang	آهنگ
selecteren (ww)	entexāb kardan	انتخاب کردن

rekenmachine (de)	māšin-e hesāb	ماشین حساب
voicemail (de)	monši-ye telefoni	منشی تلفنی
wekker (de)	sā'at-e zang dār	ساعت زنگ دار
contacten (mv.)	daftar-e telefon	دفتر تلفن

| SMS-bericht (het) | payāmak | پیامک |
| abonnee (de) | moštarek | مشترک |

46. Schrijfbehoeften

| balpen (de) | xodkār | خودکار |
| vulpen (de) | xodnevis | خودنویس |

potlood (het)	medād	مداد
marker (de)	māžik	ماژیک
viltstift (de)	māžik	ماژیک
notitieboekje (het)	daftar-e yāddāšt	دفتر یادداشت
agenda (boekje)	daftar-e yāddāšt	دفتر یادداشت

liniaal (de/het)	xat keš	خط کش
rekenmachine (de)	māšin-e hesāb	ماشین حساب
gom (de)	pāk kon	پاک کن
punaise (de)	punez	پونز
paperclip (de)	gire	گیره

lijm (de)	časb	چسب
nietmachine (de)	mangane-ye zan	منگنه زن
perforator (de)	pānč	پانج
potloodslijper (de)	madād-e tarāš	مداد تراش

47. Vreemde talen

taal (de)	zabān	زبان
vreemd (bn)	xāreji	خارجی
vreemde taal (de)	zabān-e xāreji	زبان خارجی
leren (bijv. van buiten ~)	dars xāndan	درس خواندن
studeren (Nederlands ~)	yād gereftan	یاد گرفتن

lezen (ww)	xāndan	خواندن
spreken (ww)	harf zadan	حرف زدن
begrijpen (ww)	fahmidan	فهمیدن
schrijven (ww)	neveštan	نوشتن

snel (bw)	sari'	سریع
langzaam (bw)	āheste	آهسته
vloeiend (bw)	ravān	روان

regels (mv.)	qavā'ed	قواعد
grammatica (de)	gerāmer	گرامر
vocabulaire (het)	vājegān	واژگان
fonetiek (de)	āvā-šenāsi	آواشناسی

leerboek (het)	ketāb-e darsi	کتاب درسی
woordenboek (het)	farhang-e loqat	فرهنگ لغت
leerboek (het) voor zelfstudie	xod-āmuz	خودآموز
taalgids (de)	ketāb-e mokāleme	کتاب مکالمه

cassette (de)	kāst	کاست
videocassette (de)	kāst-e video	کاست ویدئو
CD (de)	si-di	سیدی
DVD (de)	dey vey dey	دی وی دی

alfabet (het)	alefbā	الفبا
spellen (ww)	heji kardan	هجی کردن
uitspraak (de)	talaffoz	تلفظ

accent (het)	lahje	لهجه
met een accent (bw)	bā lahje	با لهجه
zonder accent (bw)	bi lahje	بی لهجه

woord (het)	kalame	کلمه
betekenis (de)	ma'ni	معنی
cursus (de)	dowre	دوره

zich inschrijven (ww)	nām-nevisi kardan	نام نویسی کردن
leraar (de)	ostād	استاد
vertaling (een ~ maken)	tarjome	ترجمه
vertaling (tekst)	tarjome	ترجمه
vertaler (de)	motarjem	مترجم
tolk (de)	motarjem-e šafāhi	مترجم شفاهی
polyglot (de)	čand zabāni	چند زبانی
geheugen (het)	hāfeze	حافظه

MAALTIJDEN. RESTAURANT

48. Tafelschikking

lepel (de)	qāšoq	قاشق
mes (het)	kārd	کارد
vork (de)	čangāl	چنگال
kopje (het)	fenjān	فنجان
bord (het)	bošqāb	بشقاب
schoteltje (het)	na'lbeki	نعلبکی
servet (het)	dastmāl	دستمال
tandenstoker (de)	xelāl-e dandān	خلال دندان

49. Restaurant

restaurant (het)	resturān	رستوران
koffiehuis (het)	kāfe	کافه
bar (de)	bār	بار
tearoom (de)	qahve xāne	قهوه خانه
kelner, ober (de)	pišxedmat	پیشخدمت
serveerster (de)	pišxedmat	پیشخدمت
barman (de)	motesaddi-ye bār	متصدی بار
menu (het)	meno	منو
wijnkaart (de)	kārt-e šarāb	کارت شراب
een tafel reserveren	miz rezerv kardan	میز رزرو کردن
gerecht (het)	qazā	غذا
bestellen (eten ~)	sefāreš dādan	سفارش دادن
een bestelling maken	sefāreš dādan	سفارش دادن
aperitief (de/het)	mašrub-e piš qazā	مشروب پیش غذا
voorgerecht (het)	piš qazā	پیش غذا
dessert (het)	deser	دسر
rekening (de)	surat hesāb	صورت حساب
de rekening betalen	surat-e hesāb rā pardāxtan	صورت حساب را پرداختن
wisselgeld teruggeven	baqiye rā dādan	بقیه را دادن
fooi (de)	an'ām	انعام

50. Maaltijden

eten (het)	qazā	غذا
eten (ww)	xordan	خوردن

ontbijt (het)	sobhāne	صبحانه
ontbijten (ww)	sobhāne xordan	صبحانه خوردن
lunch (de)	nāhār	ناهار
lunchen (ww)	nāhār xordan	ناهار خوردن
avondeten (het)	šām	شام
souperen (ww)	šām xordan	شام خوردن
eetlust (de)	eštehā	اشتها
Eet smakelijk!	nuš-e jān	نوش جان
openen (een fles ~)	bāz kardan	باز کردن
morsen (koffie, enz.)	rixtan	ریختن
zijn gemorst	rixtan	ریختن
koken (water kookt bij 100°C)	jušidan	جوشیدن
koken (Hoe om water te ~)	jušāndan	جوشاندن
gekookt (~ water)	jušide	جوشیده
afkoelen (koeler maken)	sard kardan	سرد کردن
afkoelen (koeler worden)	sard šodan	سرد شدن
smaak (de)	maze	مزه
nasmaak (de)	maze	مزه
volgen een dieet	lāqar kardan	لاغر کردن
dieet (het)	režim	رژیم
vitamine (de)	vitāmin	ویتامین
calorie (de)	kālori	کالری
vegetariër (de)	giyāh xār	گیاه خوار
vegetarisch (bn)	giyāh xāri	گیاه خواری
vetten (mv.)	čarbi-hā	چربی ها
eiwitten (mv.)	porotein	پروتئین
koolhydraten (mv.)	karbohidrāt-hā	کربو هیدرات ها
snede (de)	qet'e	قطعه
stuk (bijv. een ~ taart)	tekke	تکه
kruimel (de)	zarre	ذره

51. Bereide gerechten

gerecht (het)	qazā	غذا
keuken (bijv. Franse ~)	qazā	غذا
recept (het)	dastur-e poxt	دستور پخت
portie (de)	pors	پرس
salade (de)	sālād	سالاد
soep (de)	sup	سوپ
bouillon (de)	pāye-ye sup	پایه سوپ
boterham (de)	sāndevič	ساندویچ
spiegelei (het)	nimru	نیمرو
hamburger (de)	hamberger	همبرگر
biefstuk (de)	esteyk	استیک

garnering (de)	moxallafāt	مخلفات
spaghetti (de)	espāgeti	اسپاگتی
aardappelpuree (de)	pure-ye sibi zamini	پورهٔ سیب زمینی
pizza (de)	pitzā	پیتزا
pap (de)	šurbā	شوربا
omelet (de)	ommol-at	املت

gekookt (in water)	āb paz	آب پز
gerookt (bn)	dudi	دودی
gebakken (bn)	sorx šode	سرخ شده
gedroogd (bn)	xošk	خشک
diepvries (bn)	yax zade	یخ زده
gemarineerd (bn)	torši	ترشی

zoet (bn)	širin	شیرین
gezouten (bn)	šur	شور
koud (bn)	sard	سرد
heet (bn)	dāq	داغ
bitter (bn)	talx	تلخ
lekker (bn)	xoš mazze	خوش مزه

koken (in kokend water)	poxtan	پختن
bereiden (avondmaaltijd ~)	poxtan	پختن
bakken (ww)	sorx kardan	سرخ کردن
opwarmen (ww)	garm kardan	گرم کردن

zouten (ww)	namak zadan	نمک زدن
peperen (ww)	felfel pāšidan	فلفل پاشیدن
raspen (ww)	rande kardan	رنده کردن
schil (de)	pust	پوست
schillen (ww)	pust kandan	پوست کندن

52. Voedsel

vlees (het)	gušt	گوشت
kip (de)	morq	مرغ
kuiken (het)	juje	جوجه
eend (de)	ordak	اردک
gans (de)	qāz	غاز
wild (het)	gušt-e šekār	گوشت شکار
kalkoen (de)	gušt-e buqalamun	گوشت بوقلمون

varkensvlees (het)	gušt-e xuk	گوشت خوک
kalfsvlees (het)	gušt-e gusāle	گوشت گوساله
schapenvlees (het)	gušt-e gusfand	گوشت گوسفند
rundvlees (het)	gušt-e gāv	گوشت گاو
konijnenvlees (het)	xarguš	خرگوش

worst (de)	kālbās	کالباس
saucijs (de)	sosis	سوسیس
spek (het)	beykon	بیکن
ham (de)	žāmbon	ژامبون
gerookte achterham (de)	rān xuk	ران خوک
paté (de)	pāte	پاته

lever (de)	jegar	جگر
gehakt (het)	hamberger	همبرگر
tong (de)	zabān	زبان

ei (het)	toxm-e morq	تخم مرغ
eieren (mv.)	toxm-e morq-ha	تخم مرغ ها
eiwit (het)	sefide-ye toxm-e morq	سفیده تخم مرغ
eigeel (het)	zarde-ye toxm-e morq	زرده تخم مرغ

vis (de)	māhi	ماهی
zeevruchten (mv.)	qazā-ye daryāyi	غذای دریایی
schaaldieren (mv.)	saxtpustān	سختپوستان
kaviaar (de)	xāviār	خاویار

krab (de)	xarčang	خرچنگ
garnaal (de)	meygu	میگو
oester (de)	sadaf-e xorāki	صدف خوراکی
langoest (de)	xarčang-e xārdār	خرچنگ خاردار
octopus (de)	hašt pā	هشت پا
inktvis (de)	māhi-ye morakkab	ماهی مرکب

steur (de)	māhi-ye xāviār	ماهی خاویار
zalm (de)	māhi-ye salemon	ماهی سالمون
heilbot (de)	halibut	هالیبوت

kabeljauw (de)	māhi-ye rowqan	ماهی روغن
makreel (de)	māhi-ye esqumeri	ماهی اسقومری
tonijn (de)	tan māhi	تن ماهی
paling (de)	mārmāhi	مارماهی

forel (de)	māhi-ye qezelālā	ماهی قزل آلا
sardine (de)	sārdin	ساردین
snoek (de)	ordak māhi	اردک ماهی
haring (de)	māhi-ye šur	ماهی شور

brood (het)	nān	نان
kaas (de)	panir	پنیر
suiker (de)	qand	قند
zout (het)	namak	نمک

rijst (de)	berenj	برنج
pasta (de)	mākāroni	ماکارونی
noedels (mv.)	rešte-ye farangi	رشته فرنگی

boter (de)	kare	کره
plantaardige olie (de)	rowqan-e nabāti	روغن نباتی
zonnebloemolie (de)	rowqan āftābgardān	روغن آفتاب گردان
margarine (de)	mārgārin	مارگارین

| olijven (mv.) | zeytun | زیتون |
| olijfolie (de) | rowqan-e zeytun | روغن زیتون |

melk (de)	šir	شیر
gecondenseerde melk (de)	šir-e čegāl	شیر چگال
yoghurt (de)	mās-at	ماست
zure room (de)	xāme-ye torš	خامة ترش

room (de)	saršir	سرشیر
mayonaise (de)	māyonez	مایونز
crème (de)	xāme	خامه

graan (het)	hobubāt	حبوبات
meel (het), bloem (de)	ārd	آرد
conserven (mv.)	konserv-hā	کنسرو ها

maïsvlokken (mv.)	bereštuk	برشتوک
honing (de)	asal	عسل
jam (de)	morabbā	مربا
kauwgom (de)	ādāms	آدامس

53. Drankjes

water (het)	āb	آب
drinkwater (het)	āb-e āšāmidani	آب آشامیدنی
mineraalwater (het)	āb-e ma'dani	آب معدنی

zonder gas	bedun-e gāz	بدون گاز
koolzuurhoudend (bn)	gāzdār	گازدار
bruisend (bn)	gāzdār	گازدار
ijs (het)	yax	یخ
met ijs	yax dār	یخ دار

alcohol vrij (bn)	bi alkol	بی الکل
alcohol vrije drank (de)	nušābe-ye bi alkol	نوشابۀ بی الکل
frisdrank (de)	nušābe-ye xonak	نوشابۀ خنک
limonade (de)	limunād	لیموناد

alcoholische dranken (mv.)	mašrubāt-e alkoli	مشروبات الکلی
wijn (de)	šarāb	شراب
witte wijn (de)	šarāb-e sefid	شراب سفید
rode wijn (de)	šarāb-e sorx	شراب سرخ

likeur (de)	likor	لیکور
champagne (de)	šāmpāyn	شامپاین
vermout (de)	vermut	ورموت

whisky (de)	viski	ویسکی
wodka (de)	vodkā	ودکا
gin (de)	jin	جین
cognac (de)	konyāk	کنیاک
rum (de)	araq-e neyšekar	عرق نیشکر

koffie (de)	qahve	قهوه
zwarte koffie (de)	qahve-ye talx	قهوۀ تلخ
koffie (de) met melk	šir-qahve	شیرقهوه
cappuccino (de)	kāpočino	کاپوچینو
oploskoffie (de)	qahve-ye fowri	قهوه فوری

melk (de)	šir	شیر
cocktail (de)	kuktel	کوکتل
milkshake (de)	kuktele šir	کوکتل شیر

sap (het)	āb-e mive	آب میوه
tomatensap (het)	āb-e gowjefarangi	آب گوجه فرنگی
sinaasappelsap (het)	āb-e porteqāl	آب پرتقال
vers geperst sap (het)	āb-e mive-ye taze	آب میوهٔ تازه

bier (het)	ābejow	آبجو
licht bier (het)	ābejow-ye sabok	آبجوی سبک
donker bier (het)	ābejow-ye tire	آبجوی تیره

thee (de)	čāy	چای
zwarte thee (de)	čāy-e siyāh	چای سیاه
groene thee (de)	čāy-e sabz	چای سبز

54. Groenten

groenten (mv.)	sabzijāt	سبزیجات
verse kruiden (mv.)	sabzi	سبزی

tomaat (de)	gowje farangi	گوجه فرنگی
augurk (de)	xiyār	خیار
wortel (de)	havij	هویج
aardappel (de)	sib zamini	سیب زمینی
ui (de)	piyāz	پیاز
knoflook (de)	sir	سیر

kool (de)	kalam	کلم
bloemkool (de)	gol kalam	گل کلم
spruitkool (de)	koll-am boruksel	کلم بروکسل
broccoli (de)	kalam borokli	کلم بروکلی

rode biet (de)	čoqondar	چغندر
aubergine (de)	bādenjān	بادنجان
courgette (de)	kadu sabz	کدو سبز

pompoen (de)	kadu tanbal	کدو تنبل
raap (de)	šalqam	شلغم

peterselie (de)	ja'fari	جعفری
dille (de)	šavid	شوید
sla (de)	kāhu	کاهو
selderij (de)	karafs	کرفس

asperge (de)	mārčube	مارچوبه
spinazie (de)	esfenāj	اسفناج

erwt (de)	noxod	نخود
bonen (mv.)	lubiyā	لوبیا

maïs (de)	zorrat	ذرت
boon (de)	lubiyā qermez	لوبیا قرمز

peper (de)	felfel	فلفل
radijs (de)	torobče	تربچه
artisjok (de)	kangar farangi	کنگرفرنگی

55. Vruchten. Noten

vrucht (de)	mive	میوه
appel (de)	sib	سیب
peer (de)	golābi	گلابی
citroen (de)	limu	لیمو
sinaasappel (de)	porteqāl	پرتقال
aardbei (de)	tut-e farangi	توت فرنگی
mandarijn (de)	nārengi	نارنگی
pruim (de)	ālu	آلو
perzik (de)	holu	هلو
abrikoos (de)	zardālu	زردآلو
framboos (de)	tamešk	تمشک
ananas (de)	ānānās	آناناس
banaan (de)	mowz	موز
watermeloen (de)	hendevāne	هندوانه
druif (de)	angur	انگور
zure kers (de)	ālbālu	آلبالو
zoete kers (de)	gilās	گیلاس
meloen (de)	xarboze	خربزه
grapefruit (de)	gerip forut	گریپ فوروت
avocado (de)	āvokādo	اووکادو
papaja (de)	pāpāyā	پاپایا
mango (de)	anbe	انبه
granaatappel (de)	anār	انار
rode bes (de)	angur-e farangi-ye sorx	انگور فرنگی سرخ
zwarte bes (de)	angur-e farangi-ye siyāh	انگور فرنگی سیاه
kruisbes (de)	angur-e farangi	انگور فرنگی
bosbes (de)	zoqāl axte	زغال اخته
braambes (de)	šāh tut	شاه توت
rozijn (de)	kešmeš	کشمش
vijg (de)	anjir	انجیر
dadel (de)	xormā	خرما
pinda (de)	bādām zamin-i	بادام زمینی
amandel (de)	bādām	بادام
walnoot (de)	gerdu	گردو
hazelnoot (de)	fandoq	فندق
kokosnoot (de)	nārgil	نارگیل
pistaches (mv.)	peste	پسته

56. Brood. Snoep

suikerbakkerij (de)	širini jāt	شیرینی جات
brood (het)	nān	نان
koekje (het)	biskuit	بیسکویت
chocolade (de)	šokolāt	شکلات
chocolade- (abn)	šokolāti	شکلاتی

snoepje (het)	āb nabāt	آب نبات
cakeje (het)	nān-e širini	نان شیرینی
taart (bijv. verjaardags~)	širini	شیرینی

| pastei (de) | keyk | کیک |
| vulling (de) | čāšni | چاشنی |

confituur (de)	morabbā	مربا
marmelade (de)	mārmālād	مارمالاد
wafel (de)	vāfel	وافل
ijsje (het)	bastani	بستنی
pudding (de)	puding	پودینگ

57. Kruiden

zout (het)	namak	نمک
gezouten (bn)	šur	شور
zouten (ww)	namak zadan	نمک زدن

zwarte peper (de)	felfel-e siyāh	فلفل سیاه
rode peper (de)	felfel-e sorx	فلفل سرخ
mosterd (de)	xardal	خردل
mierikswortel (de)	torob-e kuhi	ترب کوهی

condiment (het)	adviye	ادویه
specerij, kruiderij (de)	adviye	ادویه
saus (de)	ses	سس
azijn (de)	serke	سرکه

anijs (de)	rāziyāne	رازیانه
basilicum (de)	reyhān	ریحان
kruidnagel (de)	mixak	میخک
gember (de)	zanjefil	زنجفیل
koriander (de)	gešniz	گشنیز
kaneel (de/het)	dārčin	دارچین

sesamzaad (het)	konjed	کنجد
laurierblad (het)	barg-e bu	برگ بو
paprika (de)	paprika	پاپریکا
komijn (de)	zire	زیره
saffraan (de)	za'ferān	زعفران

PERSOONLIJKE INFORMATIE. FAMILIE

58. Persoonlijke informatie. Formulieren

naam (de)	esm	اسم
achternaam (de)	nām-e xānevādegi	نام خانوادگی
geboortedatum (de)	tārix-e tavallod	تاریخ تولد
geboorteplaats (de)	mahall-e tavallod	محل تولد
nationaliteit (de)	melliyat	ملیت
woonplaats (de)	mahall-e sokunat	محل سکونت
land (het)	kešvar	کشور
beroep (het)	šoql	شغل
geslacht (ov. het vrouwelijk ~)	jens	جنس
lengte (de)	qad	قد
gewicht (het)	vazn	وزن

59. Familieleden. Verwanten

moeder (de)	mādar	مادر
vader (de)	pedar	پدر
zoon (de)	pesar	پسر
dochter (de)	doxtar	دختر
jongste dochter (de)	doxtar-e kučak	دختر کوچک
jongste zoon (de)	pesar-e kučak	پسر کوچک
oudste dochter (de)	doxtar-e bozorg	دختر بزرگ
oudste zoon (de)	pesar-e bozorg	پسر بزرگ
broer (de)	barādar	برادر
oudere broer (de)	barādar-e bozorg	برادر بزرگ
jongere broer (de)	barādar-e kučak	برادر کوچک
zuster (de)	xāhar	خواهر
oudere zuster (de)	xāhar-e bozorg	خواهر بزرگ
jongere zuster (de)	xāhar-e kučak	خواهر کوچک
neef (zoon van oom, tante)	pesar 'amu	پسر عمو
nicht (dochter van oom, tante)	doxtar amu	دختر عمو
mama (de)	māmān	مامان
papa (de)	bābā	بابا
ouders (mv.)	vāledeyn	والدین
kind (het)	kudak	کودک
kinderen (mv.)	bače-hā	بچه ها
oma (de)	mādarbozorg	مادربزرگ

opa (de)	pedar-bozorg	پدربزرگ
kleinzoon (de)	nave	نوه
kleindochter (de)	nave	نوه
kleinkinderen (mv.)	nave-hā	نوه ها
oom (de)	amu	عمو
tante (de)	xāle yā amme	خاله یا عمه
neef (zoon van broer, zus)	barādar-zāde	برادرزاده
nicht (dochter van broer, zus)	xāhar-zāde	خواهرزاده
schoonmoeder (de)	mādarzan	مادرزن
schoonvader (de)	pedar-šowhar	پدرشوهر
schoonzoon (de)	dāmād	داماد
stiefmoeder (de)	nāmādari	نامادری
stiefvader (de)	nāpedari	ناپدری
zuigeling (de)	nowzād	نوزاد
wiegenkind (het)	širxār	شیرخوار
kleuter (de)	pesar-e kučulu	پسر کوچولو
vrouw (de)	zan	زن
man (de)	šowhar	شوهر
echtgenoot (de)	hamsar	همسر
echtgenote (de)	hamsar	همسر
gehuwd (mann.)	mote'ahhel	متاهل
gehuwd (vrouw.)	mote'ahhel	متاهل
ongehuwd (mann.)	mojarrad	مجرد
vrijgezel (de)	mojarrad	مجرد
gescheiden (bn)	talāq gerefte	طلاق گرفته
weduwe (de)	bive zan	بیوه زن
weduwnaar (de)	bive	بیوه
familielid (het)	xišāvand	خویشاوند
dichte familielid (het)	aqvām-e nazdik	اقوام نزدیک
verre familielid (het)	aqvām-e dur	اقوام دور
familieleden (mv.)	aqvām	اقوام
wees (de), weeskind (het)	yatim	یتیم
voogd (de)	qayyem	قیم
adopteren (een jongen te ~)	be pesari gereftan	به پسری گرفتن
adopteren (een meisje te ~)	be doxtari gereftan	به دختری گرفتن

60. Vrienden. Collega's

vriend (de)	dust	دوست
vriendin (de)	dust	دوست
vriendschap (de)	dusti	دوستی
bevriend zijn (ww)	dust budan	دوست بودن
makker (de)	rafiq	رفیق
vriendin (de)	rafiq	رفیق
partner (de)	šarik	شریک
chef (de)	ra'is	رئیس

baas (de)	ra'is	رئیس
eigenaar (de)	sāheb	صاحب
ondergeschikte (de)	zirdast	زیردست
collega (de)	hamkār	همکار
kennis (de)	āšnā	آشنا
medereiziger (de)	hamsafar	همسفر
klasgenoot (de)	ham kelās	هم کلاس
buurman (de)	hamsāye	همسایه
buurvrouw (de)	hamsāye	همسایه
buren (mv.)	hamsāye-hā	همسایه ها

MENSELIJK LICHAAM. GENEESKUNDE

61. Hoofd

hoofd (het)	sar	سر
gezicht (het)	surat	صورت
neus (de)	bini	بینی
mond (de)	dahān	دهان
oog (het)	češm	چشم
ogen (mv.)	češm-hā	چشم ها
pupil (de)	mardomak	مردمک
wenkbrauw (de)	abru	ابرو
wimper (de)	može	مژه
ooglid (het)	pelek	پلک
tong (de)	zabān	زبان
tand (de)	dandān	دندان
lippen (mv.)	lab-hā	لب ها
jukbeenderen (mv.)	ostexānhā-ye gune	استخوان های گونه
tandvlees (het)	lase	لثه
gehemelte (het)	saqf-e dahān	سقف دهان
neusgaten (mv.)	surāxhā-ye bini	سوراخ های بینی
kin (de)	čāne	چانه
kaak (de)	fak	فک
wang (de)	gune	گونه
voorhoofd (het)	pišāni	پیشانی
slaap (de)	gijgāh	گیجگاه
oor (het)	guš	گوش
achterhoofd (het)	pas gardan	پس گردن
hals (de)	gardan	گردن
keel (de)	galu	گلو
haren (mv.)	mu-hā	مو ها
kapsel (het)	model-e mu	مدل مو
haarsnit (de)	model-e mu	مدل مو
pruik (de)	kolāh-e gis	کلاه گیس
snor (de)	sebil	سبیل
baard (de)	riš	ریش
dragen (een baard, enz.)	gozāštan	گذاشتن
vlecht (de)	muy-ye bāfte	موی بافته
bakkebaarden (mv.)	xatt-e riš	خط ریش
ros (roodachtig, rossig)	muqermez	موقرمز
grijs (~ haar)	sefid-e mu	سفید مو
kaal (bn)	tās	طاس
kale plek (de)	tāsi	طاسی

paardenstaart (de)	dom-e asbi	دم اسبی
pony (de)	čatri	چتری

62. Menselijk lichaam

hand (de)	dast	دست
arm (de)	bāzu	بازو

vinger (de)	angošt	انگشت
teen (de)	šast-e pā	شصت پا
duim (de)	šost	شست
pink (de)	angošt-e kučak	انگشت کوچک
nagel (de)	nāxon	ناخن

vuist (de)	mošt	مشت
handpalm (de)	kaf-e dast	کف دست
pols (de)	moč-e dast	مچ دست
voorarm (de)	sā'ed	ساعد
elleboog (de)	āranj	آرنج
schouder (de)	ketf	کتف

been (rechter ~)	pā	پا
voet (de)	pā	پا
knie (de)	zānu	زانو
kuit (de)	sāq	ساق
heup (de)	rān	ران
hiel (de)	pāšne-ye pā	پاشنهٔ پا

lichaam (het)	badan	بدن
buik (de)	šekam	شکم
borst (de)	sine	سینه
borst (de)	sine	سینه
zijde (de)	pahlu	پهلو
rug (de)	pošt	پشت
lage rug (de)	kamar	کمر
taille (de)	dur-e kamar	دور کمر

navel (de)	nāf	ناف
billen (mv.)	nešiman-e gāh	نشیمن گاه
achterwerk (het)	bāsan	باسن

huidvlek (de)	xāl	خال
moedervlek (de)	xāl-e mādarzād	خال مادرزاد
tatoeage (de)	xāl kubi	خال کوبی
litteken (het)	jā-ye zaxm	جای زخم

63. Ziekten

ziekte (de)	bimāri	بیماری
ziek zijn (ww)	bimār budan	بیمار بودن
gezondheid (de)	salāmati	سلامتی
snotneus (de)	āb-e rizeš-e bini	آب ریزش بینی

Nederlands	Transcriptie	Perzisch
angina (de)	varam-e lowze	ورم لوزه
verkoudheid (de)	sarmā xordegi	سرما خوردگی
verkouden raken (ww)	sarmā xordan	سرما خوردن
bronchitis (de)	boronšit	برنشیت
longontsteking (de)	zātorrie	ذات الریه
griep (de)	ānfolānzā	آنفولانزا
bijziend (bn)	nazdik bin	نزدیک بین
verziend (bn)	durbin	دوربین
scheelheid (de)	enherāf-e čašm	انحراف چشم
scheel (bn)	luč	لوچ
grauwe staar (de)	āb morvārid	آب مروارید
glaucoom (het)	ab-e siyāh	آب سیاه
beroerte (de)	sekte-ye maqzi	سکته مغزی
hartinfarct (het)	sekte-ye qalbi	سکته قلبی
myocardiaal infarct (het)	ānfārktus	آنفارکتوس
verlamming (de)	falaji	فلجی
verlammen (ww)	falj kardan	فلج کردن
allergie (de)	ālerži	آلرژی
astma (de/het)	āsm	آسم
diabetes (de)	diyābet	دیابت
tandpijn (de)	dandān-e dard	دندان درد
tandbederf (het)	pusidegi	پوسیدگی
diarree (de)	eshāl	اسهال
constipatie (de)	yobusat	یبوست
maagstoornis (de)	nārāhati-ye me'de	ناراحتی معده
voedselvergiftiging (de)	masmumiyat	مسمومیت
voedselvergiftiging oplopen	masmum šodan	مسموم شدن
artritis (de)	varam-e mafāsel	ورم مفاصل
rachitis (de)	rāšitism	راشیتیسم
reuma (het)	romātism	روماتیسم
arteriosclerose (de)	tasallob-e šarāin	تصلب شرائین
gastritis (de)	varam-e me'de	ورم معده
blindedarmontsteking (de)	āpāndisit	آپاندیسیت
galblaasontsteking (de)	eltehāb-e kise-ye safrā	التهاب کیسه صفرا
zweer (de)	zaxm	زخم
mazelen (mv.)	sorxak	سرخک
rodehond (de)	sorxje	سرخجه
geelzucht (de)	yaraqān	یرقان
leverontsteking (de)	hepātit	هپاتیت
schizofrenie (de)	šizoferni	شیزوفرنی
dolheid (de)	hāri	هاری
neurose (de)	extelāl-e a'sāb	اختلال اعصاب
hersenschudding (de)	zarbe-ye maqzi	ضربه مغزی
kanker (de)	saratān	سرطان
sclerose (de)	eskeleroz	اسکلروز

multiple sclerose (de)	eskeleroz čandgāne	اسکلروز چندگانه
alcoholisme (het)	alkolism	الکلیسم
alcoholicus (de)	alkoli	الکلی
syfilis (de)	siflis	سیفلیس
AIDS (de)	eydz	ایدز

tumor (de)	tumor	تومور
kwaadaardig (bn)	bad xim	بد خیم
goedaardig (bn)	xoš xim	خوش خیم

koorts (de)	tab	تب
malaria (de)	mālāriyā	مالاریا
gangreen (het)	qānqāriyā	قانقاریا
zeeziekte (de)	daryā-zadegi	دریازدگی
epilepsie (de)	sar‘	صرع

epidemie (de)	epidemi	اپیدمی
tyfus (de)	hasbe	حصبه
tuberculose (de)	sel	سل
cholera (de)	vabā	وبا
pest (de)	tā‘un	طاعون

64. Symptomen. Behandelingen. Deel 1

symptoom (het)	alāem-e bimāri	علائم بیماری
temperatuur (de)	damā	دما
verhoogde temperatuur (de)	tab	تب
polsslag (de)	nabz	نبض

duizeling (de)	sargije	سرگیجه
heet (erg warm)	dāq	داغ
koude rillingen (mv.)	ra‘še	رعشه
bleek (bn)	rang paride	رنگ پریده

hoest (de)	sorfe	سرفه
hoesten (ww)	sorfe kardan	سرفه کردن
niezen (ww)	atse kardan	عطسه کردن
flauwte (de)	qaš	غش
flauwvallen (ww)	qaš kardan	غش کردن

blauwe plek (de)	kabudi	کبودی
buil (de)	barāmadegi	برآمدگی
zich stoten (ww)	barxord kardan	برخورد کردن
kneuzing (de)	kuftegi	کوفتگی
kneuzen (gekneusd zijn)	zarb didan	ضرب دیدن

hinken (ww)	langidan	لنگیدن
verstuiking (de)	dar raftegi	دررفتگی
verstuiken (enkel, enz.)	dar raftan	دررفتن
breuk (de)	šekastegi	شکستگی
een breuk oplopen	dočār-e šekastegi šodan	دچار شکستگی شدن

| snijwond (de) | boridegi | بریدگی |
| zich snijden (ww) | boridan | بریدن |

bloeding (de)	xunrizi	خونریزی
brandwond (de)	suxtegi	سوختگی
zich branden (ww)	dočār-e suxtegi šodan	دچار سوختگی شدن

prikken (ww)	surāx kardan	سوراخ کردن
zich prikken (ww)	surāx kardan	سوراخ کردن
blesseren (ww)	āsib resāndan	آسیب رساندن
blessure (letsel)	zaxm	زخم
wond (de)	zaxm	زخم
trauma (het)	zarbe	ضربه

IJlen (ww)	hazyān goftan	هذیان گفتن
stotteren (ww)	loknat dāštan	لکنت داشتن
zonnesteek (de)	āftāb-zadegi	آفتابزدگی

65. Symptomen. Behandelingen. Deel 2

pijn (de)	dard	درد
splinter (de)	xār	خار

zweet (het)	araq	عرق
zweten (ww)	araq kardan	عرق کردن
braking (de)	estefrāq	استفراغ
stuiptrekkingen (mv.)	tašannoj	تشنج

zwanger (bn)	bārdār	باردار
geboren worden (ww)	motevalled šodan	متولد شدن
geboorte (de)	vaz'-e haml	وضع حمل
baren (ww)	be donyā āvardan	به دنیا آوردن
abortus (de)	seqt-e janin	سقط جنین

ademhaling (de)	tanaffos	تنفس
inademing (de)	estenšāq	استنشاق
uitademing (de)	bāzdam	بازدم
uitademen (ww)	bāzdamidan	بازدمیدن
inademen (ww)	nafas kešidan	نفس کشیدن

invalide (de)	ma'lul	معلول
gehandicapte (de)	falaj	فلج
drugsverslaafde (de)	mo'tād	معتاد

doof (bn)	kar	کر
stom (bn)	lāl	لال
doofstom (bn)	kar-o lāl	کر و لال

krankzinnig (bn)	divāne	دیوانه
krankzinnige (man)	divāne	دیوانه
krankzinnige (vrouw)	divāne	دیوانه
krankzinnig worden	divāne šodan	دیوانه شدن

gen (het)	žen	ژن
immuniteit (de)	masuniyat	مصونیت
erfelijk (bn)	mowrusi	موروثی
aangeboren (bn)	mādarzād	مادرزاد

virus (het)	virus	ویروس
microbe (de)	mikrob	میکروب
bacterie (de)	bākteri	باکتری
infectie (de)	ofunat	عفونت

66. Symptomen. Behandelingen. Deel 3

ziekenhuis (het)	bimārestān	بیمارستان
patiënt (de)	bimār	بیمار
diagnose (de)	tašxis	تشخیص
genezing (de)	mo'āleje	معالجه
medische behandeling (de)	darmān	درمان
onder behandeling zijn	darmān šodan	درمان شدن
behandelen (ww)	mo'āleje kardan	معالجه کردن
zorgen (zieken ~)	parastāri kardan	پرستاری کردن
ziekenzorg (de)	parastāri	پرستاری
operatie (de)	amal-e jarrāhi	عمل جراحی
verbinden (een arm ~)	pānsemān kardan	پانسمان کردن
verband (het)	pānsemān	پانسمان
vaccin (het)	vāksināsyon	واکسیناسیون
inenten (vaccineren)	vāksine kardan	واکسینه کردن
injectie (de)	tazriq	تزریق
een injectie geven	tazriq kardan	تزریق کردن
aanval (de)	hamle	حمله
amputatie (de)	qat'-e ozv	قطع عضو
amputeren (ww)	qat' kardan	قطع کردن
coma (het)	komā	کما
in coma liggen	dar komā budan	در کما بودن
intensieve zorg, ICU (de)	morāqebat-e viže	مراقبت ویژه
zich herstellen (ww)	behbud yāftan	بهبود یافتن
toestand (de)	hālat	حالت
bewustzijn (het)	huš	هوش
geheugen (het)	hāfeze	حافظه
trekken (een kies ~)	dandān kešidan	دندان کشیدن
vulling (de)	por kardan	پر کردن
vullen (ww)	por kardan	پر کردن
hypnose (de)	hipnotizm	هیپنوتیزم
hypnotiseren (ww)	hipnotizm kardan	هیپنوتیزم کردن

67. Geneeskunde. Medicijnen. Accessoires

geneesmiddel (het)	dāru	دارو
middel (het)	darmān	درمان
voorschrijven (ww)	tajviz kardan	تجویز کردن
recept (het)	nosxe	نسخه

tablet (de/het)	qors	قرص
zalf (de)	pomād	پماد
ampul (de)	āmpul	آمپول
drank (de)	šarbat	شربت
siroop (de)	šarbat	شربت
pil (de)	kapsul	کپسول
poeder (de/het)	pudr	پودر
verband (het)	bānd	باند
watten (mv.)	panbe	پنبه
jodium (het)	yod	ید
pleister (de)	časb-e zaxm	چسب زخم
pipet (de)	qatre čekān	قطره چکان
thermometer (de)	damāsanj	دماسنج
spuit (de)	sorang	سرنگ
rolstoel (de)	vilčer	ویلچر
krukken (mv.)	čub zir baqal	چوب زیر بغل
pijnstiller (de)	mosaken	مسکن
laxeermiddel (het)	moshel	مسهل
spiritus (de)	alkol	الکل
medicinale kruiden (mv.)	giyāhān-e dāruyi	گیاهان دارویی
kruiden- (abn)	giyāhi	گیاهی

APPARTEMENT

68. Appartement

appartement (het)	āpārtemān	آپارتمان
kamer (de)	otāq	اتاق
slaapkamer (de)	otāq-e xāb	اتاق خواب
eetkamer (de)	otāq-e qazāxori	اتاق غذاخوری
salon (de)	mehmānxāne	مهمانخانه
studeerkamer (de)	daftar	دفتر
gang (de)	tālār-e vorudi	تالار ورودی
badkamer (de)	hammām	حمام
toilet (het)	tuālet	توالت
plafond (het)	saqf	سقف
vloer (de)	kaf	کف
hoek (de)	guše	گوشه

69. Meubels. Interieur

meubels (mv.)	mobl	مبل
tafel (de)	miz	میز
stoel (de)	sandali	صندلی
bed (het)	taxt-e xāb	تخت خواب
bankstel (het)	kānāpe	کاناپه
fauteuil (de)	mobl-e rāhati	مبل راحتی
boekenkast (de)	qafase-ye ketāb	قفسه کتاب
boekenrek (het)	qafase	قفسه
kledingkast (de)	komod	کمد
kapstok (de)	raxt āviz	رخت آویز
staande kapstok (de)	čub lebāsi	چوب لباسی
commode (de)	komod	کمد
salontafeltje (het)	miz-e pišdasti	میز پیشدستی
spiegel (de)	āyene	آینه
tapijt (het)	farš	فرش
tapijtje (het)	qāliče	قالیچه
haard (de)	šumine	شومینه
kaars (de)	šam‘	شمع
kandelaar (de)	šam‘dān	شمعدان
gordijnen (mv.)	parde	پرده
behang (het)	kāqaz-e divāri	کاغذ دیواری

jaloezie (de)	kerkere	کرکره
bureaulamp (de)	čerāq-e rumizi	چراغ رومیزی
wandlamp (de)	čerāq-e divāri	چراغ دیواری
staande lamp (de)	ābāžur	آباژور
luchter (de)	luster	لوستر

poot (ov. een tafel, enz.)	pāye	پایه
armleuning (de)	daste-ye sandali	دستهٔ صندلی
rugleuning (de)	pošti	پشتی
la (de)	kešow	کشو

70. Beddengoed

beddengoed (het)	raxt-e xāb	رخت خواب
kussen (het)	bālešt	بالشت
kussenovertrek (de)	rubalešt	روبالشت
deken (de)	patu	پتو
laken (het)	malāfe	ملافه
sprei (de)	rutaxti	روتختی

71. Keuken

keuken (de)	āšpazxāne	آشپزخانه
gas (het)	gāz	گاز
gasfornuis (het)	ojāgh-e gāz	اجاق گاز
elektrisch fornuis (het)	ojāgh-e barghi	اجاق برقی
oven (de)	fer	فر
magnetronoven (de)	māykrofer	مایکروفر

koelkast (de)	yaxčāl	یخچال
diepvriezer (de)	fereyzer	فریزر
vaatwasmachine (de)	māšin-e zarfšuyi	ماشین ظرفشویی

vleesmolen (de)	čarx-e gušt	چرخ گوشت
vruchtenpers (de)	ābmive giri	آبمیوه گیری
toaster (de)	towster	توستر
mixer (de)	maxlut kon	مخلوط کن

koffiemachine (de)	qahve sāz	قهوه ساز
koffiepot (de)	qahve juš	قهوه جوش
koffiemolen (de)	āsiyāb-e qahve	آسیاب قهوه

fluitketel (de)	ketri	کتری
theepot (de)	quri	قوری
deksel (de/het)	sarpuš	سرپوش
theezeefje (het)	čāy sāf kon	چای صاف کن

lepel (de)	qāšoq	قاشق
theelepeltje (het)	qāšoq čāy xori	قاشق چای خوری
eetlepel (de)	qāšoq sup xori	قاشق سوپ خوری
vork (de)	čangāl	چنگال
mes (het)	kārd	کارد

vaatwerk (het)	zoruf	ظروف
bord (het)	bošqāb	بشقاب
schoteltje (het)	na'lbeki	نعلبکی

likeurglas (het)	gilās-e vodkā	گیلاس ودکا
glas (het)	estekān	استکان
kopje (het)	fenjān	فنجان

suikerpot (de)	qandān	قندان
zoutvat (het)	namakdān	نمکدان
pepervat (het)	felfeldān	فلفلدان
boterschaaltje (het)	zarf-e kare	ظرف کره

pan (de)	qāblame	قابلمه
bakpan (de)	tābe	تابه
pollepel (de)	malāqe	ملاقه
vergiet (de/het)	ābkeš	آبکش
dienblad (het)	sini	سینی

fles (de)	botri	بطری
glazen pot (de)	šiše	شیشه
blik (conserven~)	quti	قوطی

flesopener (de)	dar bāz kon	در بازکن
blikopener (de)	dar bāz kon	در بازکن
kurkentrekker (de)	dar bāz kon	در بازکن
filter (de/het)	filter	فیلتر
filteren (ww)	filter kardan	فیلتر کردن

| huisvuil (het) | āšqāl | آشغال |
| vuilnisemmer (de) | satl-e zobāle | سطل زباله |

72. Badkamer

badkamer (de)	hammām	حمام
water (het)	āb	آب
kraan (de)	šir	شیر
warm water (het)	āb-e dāq	آب داغ
koud water (het)	āb-e sard	آب سرد

tandpasta (de)	xamir-e dandān	خمیر دندان
tanden poetsen (ww)	mesvāk zadan	مسواک زدن
tandenborstel (de)	mesvāk	مسواک

zich scheren (ww)	riš tarāšidan	ریش تراشیدن
scheercrème (de)	xamir-e eslāh	خمیر اصلاح
scheermes (het)	tiq	تیغ

wassen (ww)	šostan	شستن
een bad nemen	hamām kardan	حمام کردن
douche (de)	duš	دوش
een douche nemen	duš gereftan	دوش گرفتن
bad (het)	vān hammām	وان حمام
toiletpot (de)	tuālet-e farangi	توالت فرنگی

wastafel (de)	sink	سینک
zeep (de)	sābun	صابون
zeepbakje (het)	jā sābun	جا صابون

spons (de)	abr	ابر
shampoo (de)	šāmpu	شامپو
handdoek (de)	howle	حوله
badjas (de)	howle-ye hamām	حوله حمام

was (bijv. handwas)	raxčuyi	لباسشویی
wasmachine (de)	māšin-e lebas-šui	ماشین لباسشویی
de was doen	šostan-e lebās	شستن لباس
waspoeder (de)	pudr-e lebas-šui	پودر لباسشویی

73. Huishoudelijke apparaten

televisie (de)	televiziyon	تلویزیون
cassettespeler (de)	zabt-e sowt	ضبط صوت
videorecorder (de)	video	ویدئو
radio (de)	rādiyo	رادیو
speler (de)	paxš konande	پخش کننده

videoprojector (de)	video porožektor	ویدئو پروژکتور
home theater systeem (het)	sinamā-ye xānegi	سینمای خانگی
DVD-speler (de)	paxš konande-ye di vi di	پخش کننده دی وی دی
versterker (de)	āmpli-fāyer	آمپلی فایر
spelconsole (de)	konsul-e bāzi	کنسول بازی

videocamera (de)	durbin-e filmbardāri	دوربین فیلمبرداری
fotocamera (de)	durbin-e akkāsi	دوربین عکاسی
digitale camera (de)	durbin-e dijitāl	دوربین دیجیتال

stofzuiger (de)	jāru barqi	جارو برقی
strijkijzer (het)	oto	اتو
strijkplank (de)	miz-e otu	میز اتو

telefoon (de)	telefon	تلفن
mobieltje (het)	telefon-e hamrāh	تلفن همراه
schrijfmachine (de)	māšin-e tahrir	ماشین تحریر
naaimachine (de)	čarx-e xayyāti	چرخ خیاطی

microfoon (de)	mikrofon	میکروفون
koptelefoon (de)	guši	گوشی
afstandsbediening (de)	kontorol az rāh-e dur	کنترل از راه دور

CD (de)	si-di	سیدی
cassette (de)	kāst	کاست
vinylplaat (de)	safhe-ye gerāmāfon	صفحه گرامافون

DE AARDE. WEER

74. De kosmische ruimte

kosmos (de)	fazā	فضا
kosmisch (bn)	fazāyi	فضایی
kosmische ruimte (de)	fazā-ye keyhān	فضای کیهان
wereld (de)	jahān	جهان
heelal (het)	giti	گیتی
sterrenstelsel (het)	kahkešān	کهکشان
ster (de)	setāre	ستاره
sterrenbeeld (het)	surat-e falaki	صورت فلکی
planeet (de)	sayyāre	سیاره
satelliet (de)	māhvāre	ماهواره
meteoriet (de)	sang-e āsmāni	سنگ آسمانی
komeet (de)	setāre-ye donbāle dār	ستارۀ دنباله دار
asteroïde (de)	šahāb	شهاب
baan (de)	madār	مدار
draaien (om de zon, enz.)	gardidan	گردیدن
atmosfeer (de)	jav	جو
Zon (de)	āftāb	آفتاب
zonnestelsel (het)	manzume-ye šamsi	منظومه شمسی
zonsverduistering (de)	kosuf	کسوف
Aarde (de)	zamin	زمین
Maan (de)	māh	ماه
Mars (de)	merrix	مریخ
Venus (de)	zahre	زهره
Jupiter (de)	moštari	مشتری
Saturnus (de)	zohal	زحل
Mercurius (de)	atārod	عطارد
Uranus (de)	orānus	اورانوس
Neptunus (de)	nepton	نپتون
Pluto (de)	poloton	پلوتون
Melkweg (de)	kahkešān rāh-e širi	کهکشان راه شیری
Grote Beer (de)	dobb-e akbar	دب اکبر
Poolster (de)	setāre-ye qotbi	ستاره قطبی
marsmannetje (het)	merrixi	مریخی
buitenaards wezen (het)	farā zamini	فرا زمینی
bovenaards (het)	mowjud fazāyi	موجود فضایی

vliegende schotel (de)	bošqāb-e parande	بشقاب پرنده
ruimtevaartuig (het)	fazā peymā	فضا پیما
ruimtestation (het)	istgāh-e fazāyi	ایستگاه فضایی
start (de)	rāh andāzi	راه اندازی

motor (de)	motor	موتور
straalpijp (de)	nāzel	نازل
brandstof (de)	suxt	سوخت

cabine (de)	kābin	کابین
antenne (de)	ānten	آنتن
patrijspoort (de)	panjere	پنجره

| zonnebatterij (de) | bātri-ye xoršidi | باطری خورشیدی |
| ruimtepak (het) | lebās-e fazānavardi | لباس فضانوردی |

| gewichtloosheid (de) | bi vazni | بی وزنی |
| zuurstof (de) | oksižen | اکسیژن |

| koppeling (de) | vasl | وصل |
| koppeling maken | vasl kardan | وصل کردن |

| observatorium (het) | rasadxāne | رصدخانه |
| telescoop (de) | teleskop | تلسکوپ |

| waarnemen (ww) | mošāhede kardan | مشاهده کردن |
| exploreren (ww) | kašf kardan | کشف کردن |

75. De Aarde

Aarde (de)	zamin	زمین
aardbol (de)	kare-ye zamin	کرۀ زمین
planeet (de)	sayyāre	سیاره

atmosfeer (de)	jav	جو
aardrijkskunde (de)	joqrāfiyā	جغرافیا
natuur (de)	tabi'at	طبیعت

wereldbol (de)	kare-ye joqrāfiyāyi	کرۀ جغرافیایی
kaart (de)	naqše	نقشه
atlas (de)	atlas	اطلس

| Europa (het) | orupā | اروپا |
| Azië (het) | āsiyā | آسیا |

| Afrika (het) | āfriqā | آفریقا |
| Australië (het) | ostorāliyā | استرالیا |

Amerika (het)	emrikā	امریکا
Noord-Amerika (het)	emrikā-ye šomāli	امریکای شمالی
Zuid-Amerika (het)	emrikā-ye jonubi	امریکای جنوبی

| Antarctica (het) | qotb-e jonub | قطب جنوب |
| Arctis (de) | qotb-e šomāl | قطب شمال |

76. Windrichtingen

noorden (het)	šomāl	شمال
naar het noorden	be šomāl	به شمال
in het noorden	dar šomāl	در شمال
noordelijk (bn)	šomāli	شمالی
zuiden (het)	jonub	جنوب
naar het zuiden	be jonub	به جنوب
in het zuiden	dar jonub	در جنوب
zuidelijk (bn)	jonubi	جنوبی
westen (het)	qarb	غرب
naar het westen	be qarb	به غرب
in het westen	dar qarb	در غرب
westelijk (bn)	qarbi	غربی
oosten (het)	šarq	شرق
naar het oosten	be šarq	به شرق
in het oosten	dar šarq	در شرق
oostelijk (bn)	šarqi	شرقی

77. Zee. Oceaan

zee (de)	daryā	دریا
oceaan (de)	oqyānus	اقیانوس
golf (baai)	xalij	خلیج
straat (de)	tange	تنگه
grond (vaste grond)	zamin	زمین
continent (het)	qāre	قاره
eiland (het)	jazire	جزیره
schiereiland (het)	šeb-e jazire	شبه جزیره
archipel (de)	majma'-ol-jazāyer	مجمع‌الجزایر
baai, bocht (de)	xalij-e kučak	خلیج کوچک
haven (de)	langargāh	لنگرگاه
lagune (de)	mordāb	مرداب
kaap (de)	damāqe	دماغه
atol (de)	jazire-ye marjāni	جزیره مرجانی
rif (het)	tappe-ye daryāyi	تپه دریایی
koraal (het)	marjān	مرجان
koraalrif (het)	tappe-ye marjāni	تپه مرجانی
diep (bn)	amiq	عمیق
diepte (de)	omq	عمق
diepzee (de)	partgāh	پرتگاه
trog (bijv. Marianentrog)	derāz godāl	درازگودال
stroming (de)	jaryān	جریان
omspoelen (ww)	ehāte kardan	احاطه کردن

oever (de)	sāhel	ساحل
kust (de)	sāhel	ساحل
vloed (de)	mod	مد
eb (de)	jazr	جزر
ondiepte (ondiep water)	sāhel-e šeni	ساحل شنی
bodem (de)	qa'r	قعر
golf (hoge ~)	mowj	موج
golfkam (de)	nok	نوک
schuim (het)	kaf	کف
storm (de)	tufān-e daryāyi	طوفان دریایی
orkaan (de)	tufān	طوفان
tsunami (de)	sonāmi	سونامی
windstilte (de)	sokun-e daryā	سکون دریا
kalm (bijv. ~e zee)	ārām	آرام
pool (de)	qotb	قطب
polair (bn)	qotbi	قطبی
breedtegraad (de)	arz-e joqrāfiyāyi	عرض جغرافیایی
lengtegraad (de)	tul-e joqrāfiyāyi	طول جغرافیایی
parallel (de)	movāzi	موازی
evenaar (de)	xatt-e ostavā	خط استوا
hemel (de)	āsemān	آسمان
horizon (de)	ofoq	افق
lucht (de)	havā	هوا
vuurtoren (de)	fānus-e daryāyi	فانوس دریایی
duiken (ww)	širje raftan	شیرجه رفتن
zinken (ov. een boot)	qarq šodan	غرق شدن
schatten (mv.)	ganj	گنج

78. Namen van zeeën en oceanen

Atlantische Oceaan (de)	oqyānus-e atlas	اقیانوس اطلس
Indische Oceaan (de)	oqyānus-e hend	اقیانوس هند
Stille Oceaan (de)	oqyānus-e ārām	اقیانوس آرام
Noordelijke IJszee (de)	oqyānus-e monjamed-e šomāli	اقیانوس منجمد شمالی
Zwarte Zee (de)	daryā-ye siyāh	دریای سیاه
Rode Zee (de)	daryā-ye sorx	دریای سرخ
Gele Zee (de)	daryā-ye zard	دریای زرد
Witte Zee (de)	daryā-ye sefid	دریای سفید
Kaspische Zee (de)	daryā-ye xazar	دریای خزر
Dode Zee (de)	daryā-ye morde	دریای مرده
Middellandse Zee (de)	daryā-ye meditarāne	دریای مدیترانه
Egeïsche Zee (de)	daryā-ye eže	دریای اژه
Adriatische Zee (de)	daryā-ye ādriyātik	دریای آدریاتیک

Arabische Zee (de)	daryā-ye arab	دریای عرب
Japanse Zee (de)	daryā-ye žāpon	دریای ژاپن
Beringzee (de)	daryā-ye brinq	دریای برینگ
Zuid-Chinese Zee (de)	daryā-ye čin-e jonubi	دریای چین جنوبی
Koraalzee (de)	daryā-ye marjān	دریای مرجان
Tasmanzee (de)	daryā-ye tās-emān	دریای تاسمان
Caribische Zee (de)	daryā-ye kārāib	دریای کارائیب
Barentszzee (de)	daryā-ye barntz	دریای بارنتز
Karische Zee (de)	daryā-ye kārā	دریای کارا
Noordzee (de)	daryā-ye šomāl	دریای شمال
Baltische Zee (de)	daryā-ye bāltik	دریای بالتیک
Noorse Zee (de)	daryā-ye norvež	دریای نروژ

79. Bergen

berg (de)	kuh	کوه
bergketen (de)	rešte-ye kuh	رشته کوه
gebergte (het)	selsele-ye jebāl	سلسله جبال
bergtop (de)	qolle	قله
bergpiek (de)	qolle	قله
voet (ov. de berg)	dāmane-ye kuh	دامنهٔ کوه
helling (de)	šib	شیب
vulkaan (de)	ātaš-fešān	آتشفشان
actieve vulkaan (de)	ātaš-fešān-e fa'āl	آتش فشان فعال
uitgedoofde vulkaan (de)	ātaš-fešān-e xāmuš	آتش فشان خاموش
uitbarsting (de)	favarān	فوران
krater (de)	dahāne-ye ātašfešān	دهانهٔ آتش فشان
magma (het)	māgmā	ماگما
lava (de)	godāze	گدازه
gloeiend (~e lava)	godāxte	گداخته
kloof (canyon)	tange	تنگه
bergkloof (de)	darre-ye tang	دره تنگ
spleet (de)	tange	تنگه
afgrond (de)	partgāh	پرتگاه
bergpas (de)	gozargāh	گذرگاه
plateau (het)	falāt	فلات
klip (de)	saxre	صخره
heuvel (de)	tappe	تپه
gletsjer (de)	yaxčāl	یخچال
waterval (de)	ābšār	آبشار
geiser (de)	češme-ye āb-e garm	چشمهٔ آب گرم
meer (het)	daryāče	دریاچه
vlakte (de)	jolge	جلگه
landschap (het)	manzare	منظره

echo (de)	en'ekās-e sowt	انعکاس صوت
alpinist (de)	kuhnavard	کوهنورد
bergbeklimmer (de)	saxre-ye navard	صخره نورد
trotseren (berg ~)	fath kardan	فتح کردن
beklimming (de)	so'ud	صعود

80. Bergen namen

Alpen (de)	ālp	آلپ
Mont Blanc (de)	moan belān	مون بلان
Pyreneeën (de)	pirene	پیرنه
Karpaten (de)	kuhhā-ye kārpāt	کوههای کارپات
Oeralgebergte (het)	kuhe-i orāl	کوههای اورال
Kaukasus (de)	qafqāz	قفقاز
Elbroes (de)	alborz	البرز
Altaj (de)	āltāy	آلتای
Tiensjan (de)	tiyān šān	تیان شان
Pamir (de)	pāmir	پامیر
Himalaya (de)	himāliyā-vo	هیمالیا
Everest (de)	everest	اورست
Andes (de)	ānd	آند
Kilimanjaro (de)	kelimānjāro	کلیمانجارو

81. Rivieren

rivier (de)	rudxāne	رودخانه
bron (~ van een rivier)	češme	چشمه
rivierbedding (de)	bastar	بستر
rivierbekken (het)	howze	حوضه
uitmonden in ...	rixtan	ریختن
zijrivier (de)	enše'āb	انشعاب
oever (de)	sāhel	ساحل
stroming (de)	jaryān	جریان
stroomafwaarts (bw)	be samt-e pāin-e rudxāne	به سمت پائین رودخانه
stroomopwaarts (bw)	be samt-e bālā-ye rudxāne	به سمت بالای رودخانه
overstroming (de)	seyl	سیل
overstroming (de)	toqyān	طغیان
buiten zijn oevers treden	toqyān kardan	طغیان کردن
overstromen (ww)	toqyān kardan	طغیان کردن
zandbank (de)	tangāb	تنگاب
stroomversnelling (de)	tondāb	تندآب
dam (de)	sad	سد
kanaal (het)	kānāl	کانال
spaarbekken (het)	maxzan-e āb	مخزن آب

sluis (de)	ābgir	آبگیر
waterlichaam (het)	maxzan-e āb	مخزن آب
moeras (het)	bātlāq	باتلاق
broek (het)	lajan zār	لجن زار
draaikolk (de)	gerdāb	گرداب

stroom (de)	ravad	رود
drink- (abn)	āšāmidani	آشامیدنی
zoet (~ water)	širin	شیرین

ijs (het)	yax	یخ
bevriezen (rivier, enz.)	yax bastan	یخ بستن

82. Namen van rivieren

Seine (de)	sen	سن
Loire (de)	lavār	لوآر

Theems (de)	timz	تیمز
Rijn (de)	rāyn	راین
Donau (de)	dānub	دانوب

Wolga (de)	volgā	ولگا
Don (de)	don	دن
Lena (de)	lenā	لنا

Gele Rivier (de)	rud-e zard	رود زرد
Blauwe Rivier (de)	yāng tese	یانگ تسه
Mekong (de)	mekung	مکونگ
Ganges (de)	gong	گنگ

Nijl (de)	neyl	نیل
Kongo (de)	kongo	کنگو
Okavango (de)	okavango	اوکاوانگو
Zambezi (de)	zāmbezi	زامبزی
Limpopo (de)	rud-e limpupu	رود لیمپوپو
Mississippi (de)	mi si si pi	می سی سی پی

83. Bos

bos (het)	jangal	جنگل
bos- (abn)	jangali	جنگلی

oerwoud (dicht bos)	jangal-e anbuh	جنگل انبوه
bosje (klein bos)	biše	بیشه
open plek (de)	marqzār	مرغزار

struikgewas (het)	biše-hā	بیشه ها
struiken (mv.)	bute zār	بوته زار

paadje (het)	kure-ye rāh	کوره راه
ravijn (het)	darre	دره

boom (de)	deraxt	درخت
blad (het)	barg	برگ
gebladerte (het)	šāx-o barg	شاخ و برگ
vallende bladeren (mv.)	barg rizi	برگ ریزی
vallen (ov. de bladeren)	rixtan	ریختن
boomtop (de)	nok	نوک
tak (de)	šāxe	شاخه
ent (de)	šāxe	شاخه
knop (de)	šokufe	شکوفه
naald (de)	suzan	سوزن
dennenappel (de)	maxrut-e kāj	مخروط کاج
boom holte (de)	surāx	سوراخ
nest (het)	lāne	لانه
hol (het)	lāne	لانه
stam (de)	tane	تنه
wortel (bijv. boom~s)	riše	ریشه
schors (de)	pust	پوست
mos (het)	xaze	خزه
ontwortelen (een boom)	rišekan kardan	ریشه کن کردن
kappen (een boom ~)	boridan	بریدن
ontbossen (ww)	boridan	بریدن
stronk (de)	kande-ye deraxt	کندهٔ درخت
kampvuur (het)	ātaš	آتش
bosbrand (de)	ātaš suzi	آتش سوزی
blussen (ww)	xāmuš kardan	خاموش کردن
boswachter (de)	jangal bān	جنگل بان
bescherming (de)	mohāfezat	محافظت
beschermen (bijv. de natuur ~)	mohāfezat kardan	محافظت کردن
stroper (de)	šekārči-ye qeyr-e qānuni	شکارچی غیر قانونی
val (de)	tale	تله
plukken (vruchten, enz.)	čidan	چیدن
verdwalen (de weg kwijt zijn)	gom šodan	گم شدن

84. Natuurlijke hulpbronnen

natuurlijke rijkdommen (mv.)	manābe-'e tabii	منابع طبیعی
delfstoffen (mv.)	mavādd-e ma'dani	مواد معدنی
lagen (mv.)	tah nešast	ته نشست
veld (bijv. olie~)	meydān	میدان
winnen (uit erts ~)	estexrāj kardan	استخراج کردن
winning (de)	estexrāj	استخراج
erts (het)	sang-e ma'dani	سنگ معدنی
mijn (bijv. kolenmijn)	ma'dan	معدن
mijnschacht (de)	ma'dan	معدن

mijnwerker (de)	ma'danči	معدنچی
gas (het)	gāz	گاز
gasleiding (de)	lule-ye gāz	لولۀ گاز
olie (aardolie)	naft	نفت
olieleiding (de)	lule-ye naft	لولۀ نفت
oliebron (de)	čāh-e naft	چاه نفت
boortoren (de)	dakal-e haffāri	دکل حفاری
tanker (de)	tānker	تانکر
zand (het)	šen	شن
kalksteen (de)	sang-e āhak	سنگ آهک
grind (het)	sangrize	سنگریزه
veen (het)	turb	تورب
klei (de)	xāk-e ros	خاک رس
steenkool (de)	zoqāl sang	زغال سنگ
ijzer (het)	āhan	آهن
goud (het)	talā	طلا
zilver (het)	noqre	نقره
nikkel (het)	nikel	نیکل
koper (het)	mes	مس
zink (het)	ruy	روی
mangaan (het)	mangenez	منگنز
kwik (het)	jive	جیوه
lood (het)	sorb	سرب
mineraal (het)	mādde-ye ma'dani	مادۀ معدنی
kristal (het)	bolur	بلور
marmer (het)	marmar	مرمر
uraan (het)	orāniyom	اورانیوم

85. Weer

weer (het)	havā	هوا
weersvoorspelling (de)	piš bini havā	پیش بینی هوا
temperatuur (de)	damā	دما
thermometer (de)	damāsanj	دماسنج
barometer (de)	havāsanj	هواسنج
vochtig (bn)	martub	مرطوب
vochtigheid (de)	rotubat	رطوبت
hitte (de)	garmā	گرما
heet (bn)	dāq	داغ
het is heet	havā xeyli garm ast	هوا خیلی گرم است
het is warm	havā garm ast	هوا گرم است
warm (bn)	garm	گرم
het is koud	sard ast	سرد است
koud (bn)	sard	سرد
zon (de)	āftāb	آفتاب

schijnen (de zon)	tābidan	تابیدن
zonnig (~e dag)	āftābi	آفتابی
opgaan (ov. de zon)	tolu' kardan	طلوع کردن
ondergaan (ww)	qorob kardan	غروب کردن
wolk (de)	abr	ابر
bewolkt (bn)	abri	ابری
regenwolk (de)	abr-e bārānzā	ابر باران زا
somber (bn)	tire	تیره
regen (de)	bārān	باران
het regent	bārān mibārad	باران می بارد
regenachtig (bn)	bārāni	بارانی
motregenen (ww)	nam-nam bāridan	نم نم باریدن
plensbui (de)	bārān šodid	باران شدید
stortbui (de)	ragbār	رگبار
hard (bn)	šadid	شدید
plas (de)	čāle	چاله
nat worden (ww)	xis šodan	خیس شدن
mist (de)	meh	مه
mistig (bn)	meh ālud	مه آلود
sneeuw (de)	barf	برف
het sneeuwt	barf mibārad	برف می بارد

86. Zwaar weer. Natuurrampen

noodweer (storm)	tufān	طوفان
bliksem (de)	barq	برق
flitsen (ww)	barq zadan	برق زدن
donder (de)	ra'd	رعد
donderen (ww)	qorridan	غریدن
het dondert	ra'd mizanad	رعد می زند
hagel (de)	tagarg	تگرگ
het hagelt	tagarg mibārad	تگرگ می بارد
overstromen (ww)	toqyān kardan	طغیان کردن
overstroming (de)	seyl	سیل
aardbeving (de)	zamin-larze	زمین لرزه
aardschok (de)	tekān	تکان
epicentrum (het)	kānun-e zaminlarze	کانون زمین لرزه
uitbarsting (de)	favarān	فوران
lava (de)	godāze	گدازه
wervelwind, windhoos (de)	gerdbād	گردباد
tyfoon (de)	tufān	طوفان
orkaan (de)	tufān	طوفان
storm (de)	tufān	طوفان

tsunami (de)	sonāmi	سونامی
cycloon (de)	gerdbād	گردباد
onweer (het)	havā-ye bad	هوای بد
brand (de)	ātaš suzi	آتش سوزی
ramp (de)	balā-ye tabi'i	بلای طبیعی
meteoriet (de)	sang-e āsmāni	سنگ آسمانی
lawine (de)	bahman	بهمن
sneeuwverschuiving (de)	bahman	بهمن
sneeuwjacht (de)	kulāk	کولاک
sneeuwstorm (de)	barf-o burān	برف و بوران

FAUNA

87. Zoogdieren. Roofdieren

roofdier (het)	heyvān-e darande	حیوان درنده
tijger (de)	bebar	ببر
leeuw (de)	šir	شیر
wolf (de)	gorg	گرگ
vos (de)	rubāh	روباه
jaguar (de)	jagvār	جگوار
luipaard (de)	palang	پلنگ
jachtluipaard (de)	yuzpalang	یوزپلنگ
panter (de)	palang-e siyāh	پلنگ سیاه
poema (de)	yuzpalang	یوزپلنگ
sneeuwluipaard (de)	palang-e barfi	پلنگ برفی
lynx (de)	siyāh guš	سیاه گوش
coyote (de)	gorg-e sahrāyi	گرگ صحرایی
jakhals (de)	šoqāl	شغال
hyena (de)	kaftār	کفتار

88. Wilde dieren

dier (het)	heyvān	حیوان
beest (het)	heyvān	حیوان
eekhoorn (de)	sanjāb	سنجاب
egel (de)	xārpošt	خارپشت
haas (de)	xarguš	خرگوش
konijn (het)	xarguš	خرگوش
das (de)	gurkan	گورکن
wasbeer (de)	rākon	راکون
hamster (de)	muš-e bozorg	موش بزرگ
marmot (de)	muš-e xormā-ye kuhi	موش خرمای کوهی
mol (de)	muš-e kur	موش کور
muis (de)	muš	موش
rat (de)	muš-e sahrāyi	موش صحرایی
vleermuis (de)	xoffāš	خفاش
hermelijn (de)	qāqom	قاقم
sabeldier (het)	samur	سمور
marter (de)	samur	سمور
wezel (de)	rāsu	راسو
nerts (de)	tire-ye rāsu	تیره راسو

| bever (de) | sag-e ābi | سگ آبی |
| otter (de) | samur ābi | سمور آبی |

paard (het)	asb	اسب
eland (de)	gavazn	گوزن
hert (het)	āhu	آهو
kameel (de)	šotor	شتر

bizon (de)	gāvmiš	گاومیش
oeros (de)	gāv miš	گاو میش
buffel (de)	bufālo	بوفالو

zebra (de)	gurexar	گورخر
antilope (de)	boz-e kuhi	بز کوهی
ree (de)	šukā	شوکا
damhert (het)	qazāl	غزال
gems (de)	boz-e kuhi	بز کوهی
everzwijn (het)	gorāz	گراز

walvis (de)	nahang	نهنگ
rob (de)	fak	فک
walrus (de)	širmāhi	شیرماهی
zeehond (de)	gorbe-ye ābi	گربۀ آبی
dolfijn (de)	delfin	دلفین

beer (de)	xers	خرس
ijsbeer (de)	xers-e sefid	خرس سفید
panda (de)	pāndā	پاندا

aap (de)	meymun	میمون
chimpansee (de)	šampānze	شمپانزه
orang-oetan (de)	orāngutān	اورانگوتان
gorilla (de)	guril	گوریل
makaak (de)	mākāk	ماکاک
gibbon (de)	gibon	گیبون

olifant (de)	fil	فیل
neushoorn (de)	kargadan	کرگدن
giraffe (de)	zarrāfe	زرافه
nijlpaard (het)	asb-e ābi	اسب آبی

| kangoeroe (de) | kāngoro | کانگورو |
| koala (de) | kovālā | کوالا |

mangoest (de)	xadang	خدنگ
chinchilla (de)	čin čila	چین چیلا
stinkdier (het)	rāsu-ye badbu	راسوی بدبو
stekelvarken (het)	taši	تشی

89. Huisdieren

poes (de)	gorbe	گربه
kater (de)	gorbe-ye nar	گربۀ نر
hond (de)	sag	سگ

paard (het)	asb	اسب
hengst (de)	asb-e nar	اسب نر
merrie (de)	mādiyān	مادیان
koe (de)	gāv	گاو
stier (de)	gāv-e nar	گاو نر
os (de)	gāv-e axte	گاو اخته
schaap (het)	gusfand	گوسفند
ram (de)	gusfand-e nar	گوسفند نر
geit (de)	boz-e mādde	بز ماده
bok (de)	boz-e nar	بز نر
ezel (de)	xar	خر
muilezel (de)	qāter	قاطر
varken (het)	xuk	خوک
biggetje (het)	bače-ye xuk	بچهٔ خوک
konijn (het)	xarguš	خرگوش
kip (de)	morq	مرغ
haan (de)	xorus	خروس
eend (de)	ordak	اردک
woerd (de)	ordak-e nar	اردک نر
gans (de)	qāz	غاز
kalkoen haan (de)	buqalamun-e nar	بوقلمون نر
kalkoen (de)	buqalamun-e māde	بوقلمون ماده
huisdieren (mv.)	heyvānāt-e ahli	حیوانات اهلی
tam (bijv. hamster)	ahli	اهلی
temmen (tam maken)	rām kardan	رام کردن
fokken (bijv. paarden ~)	parvareš dādan	پرورش دادن
boerderij (de)	mazrae	مزرعه
gevogelte (het)	morq-e xānegi	مرغ خانگی
rundvee (het)	dām	دام
kudde (de)	galle	گله
paardenstal (de)	establ	اصطبل
zwijnenstal (de)	āqol xuk	آغل خوک
koeienstal (de)	āqol gāv	آغل گاو
konijnenhok (het)	lanye xarguš	لانه خرگوش
kippenhok (het)	morq dāni	مرغ دانی

90. Vogels

vogel (de)	parande	پرنده
duif (de)	kabutar	کبوتر
mus (de)	gonješk	گنجشک
koolmees (de)	morq-e zanburxār	مرغ زنبورخوار
ekster (de)	zāqi	زاغی
raaf (de)	kalāq-e siyāh	کلاغ سیاه

kraai (de)	kalāq	کلاغ
kauw (de)	zāq	زاغ
roek (de)	kalāq-e siyāh	کلاغ سیاه
eend (de)	ordak	اردک
gans (de)	qāz	غاز
fazant (de)	qarqāvol	قرقاول
arend (de)	oqāb	عقاب
havik (de)	qerqi	قرقی
valk (de)	šāhin	شاهین
gier (de)	karkas	کرکس
condor (de)	karkas-e emrikāyi	کرکس امریکایی
zwaan (de)	qu	قو
kraanvogel (de)	dornā	درنا
ooievaar (de)	lak lak	لک لک
papegaai (de)	tuti	طوطی
kolibrie (de)	morq-e magas-e xār	مرغ مگس خوار
pauw (de)	tāvus	طاووس
struisvogel (de)	šotormorq	شترمرغ
reiger (de)	havāsil	حواصیل
flamingo (de)	felāmingo	فلامینگو
pelikaan (de)	pelikān	پلیکان
nachtegaal (de)	bolbol	بلبل
zwaluw (de)	parastu	پرستو
lijster (de)	bāstarak	باسترک
zanglijster (de)	torqe	طرقه
merel (de)	tukā-ye siyāh	توکای سیاه
gierzwaluw (de)	bādxorak	بادخورک
leeuwerik (de)	čakāvak	چکاوک
kwartel (de)	belderčin	بلدرچین
specht (de)	dārkub	دارکوب
koekoek (de)	fāxte	فاخته
uil (de)	joqd	جغد
oehoe (de)	šāh buf	شاه بوف
auerhoen (het)	siāh xorus	سیاه خروس
korhoen (het)	siāh xorus-e jangali	سیاه خروس جنگلی
patrijs (de)	kabk	کبک
spreeuw (de)	sār	سار
kanarie (de)	qanāri	قناری
hazelhoen (het)	siyāh xorus-e fandoqi	سیاه خروس فندقی
vink (de)	sehre-ye jangali	سهره جنگلی
goudvink (de)	sohre sar-e siyāh	سهره سر سیاه
meeuw (de)	morq-e daryāyi	مرغ دریایی
albatros (de)	morq-e daryāyi	مرغ دریایی
pinguïn (de)	pangoan	پنگوئن

91. Vis. Zeedieren

brasem (de)	māhi-ye sim	ماهی سیم
karper (de)	kapur	کپور
baars (de)	māhi-e luti	ماهی لوتی
meerval (de)	gorbe-ye māhi	گربه ماهی
snoek (de)	ordak māhi	اردک ماهی
zalm (de)	māhi-ye salemon	ماهی سالمون
steur (de)	māhi-ye xāviār	ماهی خاویار
haring (de)	māhi-ye šur	ماهی شور
atlantische zalm (de)	sālmon-e atlāntik	سالمون اتلانتیک
makreel (de)	māhi-ye esqumeri	ماهی اسقومری
platvis (de)	sofre māhi	سفره ماهی
snoekbaars (de)	suf	سوف
kabeljauw (de)	māhi-ye rowqan	ماهی روغن
tonijn (de)	tan māhi	تن ماهی
forel (de)	māhi-ye qezelālā	ماهی قزل آلا
paling (de)	mārmāhi	مارماهی
sidderrog (de)	partomahiye barqi	پرتوماهی برقی
murene (de)	mārmāhi	مارماهی
piranha (de)	pirānā	پیرانا
haai (de)	kuse-ye māhi	کوسه ماهی
dolfijn (de)	delfin	دلفین
walvis (de)	nahang	نهنگ
krab (de)	xarčang	خرچنگ
kwal (de)	arus-e daryāyi	عروس دریایی
octopus (de)	hašt pā	هشت پا
zeester (de)	setāre-ye daryāyi	ستاره دریایی
zee-egel (de)	xārpošt-e daryāyi	خارپشت دریایی
zeepaardje (het)	asb-e daryāyi	اسب دریایی
oester (de)	sadaf-e xorāki	صدف خوراکی
garnaal (de)	meygu	میگو
kreeft (de)	xarčang-e daryāyi	خرچنگ دریایی
langoest (de)	xarčang-e xārdār	خرچنگ خاردار

92. Amfibieën. Reptielen

slang (de)	mār	مار
giftig (slang)	sammi	سمی
adder (de)	af'i	افعی
cobra (de)	kobrā	کبرا
python (de)	mār-e pinton	مار پیتون
boa (de)	mār-e bwa	مار بوا
ringslang (de)	mār-e čaman	مار چمن

| ratelslang (de) | mār-e zangi | مار زنگی |
| anaconda (de) | mār-e ānākondā | مار آناکوندا |

hagedis (de)	susmār	سوسمار
leguaan (de)	susmār-e deraxti	سوسمار درختی
varaan (de)	bozmajje	بزمجه
salamander (de)	samandar	سمندر
kameleon (de)	āftāb-parast	آفتاب پرست
schorpioen (de)	aqrab	عقرب

schildpad (de)	lāk pošt	لاک پشت
kikker (de)	qurbāqe	قورباغه
pad (de)	vazaq	وزغ
krokodil (de)	temsāh	تمساح

93. Insecten

insect (het)	hašare	حشره
vlinder (de)	parvāne	پروانه
mier (de)	murče	مورچه
vlieg (de)	magas	مگس
mug (de)	paše	پشه
kever (de)	susk	سوسک

wesp (de)	zanbur	زنبور
bij (de)	zanbur-e asal	زنبور عسل
hommel (de)	xar zanbur	خرزنبور
horzel (de)	xarmagas	خرمگس

| spin (de) | ankabut | عنکبوت |
| spinnenweb (het) | tār-e ankabut | تارعنکبوت |

libel (de)	sanjāqak	سنجاقک
sprinkhaan (de)	malax	ملخ
nachtvlinder (de)	bid	بید

kakkerlak (de)	susk	سوسک
teek (de)	kane	کنه
vlo (de)	kak	کک
kriebelmug (de)	paše-ye rize	پشه ریزه

treksprinkhaan (de)	malax	ملخ
slak (de)	halazun	حلزون
krekel (de)	jirjirak	جیرجیرک
glimworm (de)	kerm-e šab-tāb	کرم شب تاب
lieveheersbeestje (het)	kafšduzak	کفشدوزک
meikever (de)	susk bāldār	سوسک بالدار

bloedzuiger (de)	zālu	زالو
rups (de)	kerm-e abrišam	کرم ابریشم
aardworm (de)	kerm	کرم
larve (de)	lārv	لارو

FLORA

94. Bomen

boom (de)	deraxt	درخت
loof- (abn)	barg riz	برگ ریز
dennen- (abn)	maxrutiyān	مخروطیان
groenblijvend (bn)	hamiše sabz	همیشه سبز
appelboom (de)	deraxt-e sib	درخت سیب
perenboom (de)	golābi	گلابی
zoete kers (de)	gilās	گیلاس
zure kers (de)	ālbālu	آلبالو
pruimelaar (de)	ālu	آلو
berk (de)	tus	توس
eik (de)	balut	بلوط
linde (de)	zirfun	زیرفون
esp (de)	senowbar-e larzān	صنوبر لرزان
esdoorn (de)	afrā	افرا
spar (de)	senowbar	صنوبر
den (de)	kāj	کاج
lariks (de)	senowbar-e ārāste	صنوبر آراسته
zilverspar (de)	šāh deraxt	شاه درخت
ceder (de)	sedr	سدر
populier (de)	sepidār	سپیدار
lijsterbes (de)	zabān gonješk-e kuhi	زبان گنجشک کوهی
wilg (de)	bid	بید
els (de)	tuskā	توسکا
beuk (de)	rāš	راش
iep (de)	nārvan-e qermez	نارون قرمز
es (de)	zabān-e gonješk	زبان گنجشک
kastanje (de)	šāh balut	شاه بلوط
magnolia (de)	māgnoliyā	ماگنولیا
palm (de)	naxl	نخل
cipres (de)	sarv	سرو
mangrove (de)	karnā	کرنا
baobab (apenbroodboom)	bāobāb	بائوباب
eucalyptus (de)	okaliptus	اوکالیپتوس
mammoetboom (de)	sorx-e čub	سرخ چوب

95. Heesters

struik (de)	bute	بوته
heester (de)	bute zār	بوته زار

| wijnstok (de) | angur | انگور |
| wijngaard (de) | tākestān | تاکستان |

frambozenstruik (de)	tamešk	تمشک
zwarte bes (de)	angur-e farangi-ye siyāh	انگور فرنگی سیاه
rode bessenstruik (de)	angur-e farangi-ye sorx	انگور فرنگی سرخ
kruisbessenstruik (de)	angur-e farangi	انگور فرنگی

acacia (de)	aqāqiyā	اقاقیا
zuurbes (de)	zerešk	زرشک
jasmijn (de)	yāsaman	یاسمن

jeneverbes (de)	ardaj	اردج
rozenstruik (de)	bute-ye gol-e mohammadi	بوتهٔ گل محمدی
hondsroos (de)	nastaran	نسترن

96. Vruchten. Bessen

| vrucht (de) | mive | میوه |
| vruchten (mv.) | mive jāt | میوه جات |

appel (de)	sib	سیب
peer (de)	golābi	گلابی
pruim (de)	ālu	آلو

aardbei (de)	tut-e farangi	توت فرنگی
zure kers (de)	ālbālu	آلبالو
zoete kers (de)	gilās	گیلاس
druif (de)	angur	انگور

framboos (de)	tamešk	تمشک
zwarte bes (de)	angur-e farangi-ye siyāh	انگور فرنگی سیاه
rode bes (de)	angur-e farangi-ye sorx	انگور فرنگی سرخ
kruisbes (de)	angur-e farangi	انگور فرنگی
veenbes (de)	nārdānak-e vahši	ناردانک وحشی

sinaasappel (de)	porteqāl	پرتقال
mandarijn (de)	nārengi	نارنگی
ananas (de)	ānānās	آناناس
banaan (de)	mowz	موز
dadel (de)	xormā	خرما

citroen (de)	limu	لیمو
abrikoos (de)	zardālu	زردآلو
perzik (de)	holu	هلو

| kiwi (de) | kivi | کیوی |
| grapefruit (de) | gerip forut | گریپ فوروت |

bes (de)	mive-ye butei	میوهٔ بوته ای
bessen (mv.)	mivehā-ye butei	میوه های بوته ای
vossenbes (de)	tut-e farangi-ye jangali	توت فرنگی جنگلی
bosaardbei (de)	zoqāl axte	زغال اخته
bosbes (de)	zoqāl axte	زغال اخته

97. Bloemen. Planten

bloem (de)	gol	گل
boeket (het)	daste-ye gol	دسته گل
roos (de)	gol-e sorx	گل سرخ
tulp (de)	lāle	لاله
anjer (de)	mixak	میخک
gladiool (de)	susan-e sefid	سوسن سفید
korenbloem (de)	gol-e gandom	گل گندم
klokje (het)	gol-e estekāni	گل استکانی
paardenbloem (de)	gol-e qāsedak	گل قاصدک
kamille (de)	bābune	بابونه
aloë (de)	oloviye	آلوئه
cactus (de)	kāktus	کاکتوس
ficus (de)	fikus	فیکوس
lelie (de)	susan	سوسن
geranium (de)	gol-e šam'dāni	گل شمعدانی
hyacint (de)	sonbol	سنبل
mimosa (de)	mimosā	میموسا
narcis (de)	narges	نرگس
Oostindische kers (de)	gol-e lādan	گل لادن
orchidee (de)	orkide	ارکیده
pioenroos (de)	gol-e ašrafi	گل اشرفی
viooltje (het)	banafše	بنفشه
driekleurig viooltje (het)	banafše-ye farangi	بنفشه فرنگی
vergeet-mij-nietje (het)	gol-e farāmuš-am makon	گل فراموشم مکن
madeliefje (het)	gol-e morvārid	گل مروارید
papaver (de)	xašxāš	خشخاش
hennep (de)	šāh dāne	شاه دانه
munt (de)	na'nā'	نعناع
lelietje-van-dalen (het)	muge	موگه
sneeuwklokje (het)	gol-e barfi	گل برفی
brandnetel (de)	gazane	گزنه
veldzuring (de)	toršak	ترشک
waterlelie (de)	nilufar-e abi	نیلوفر آبی
varen (de)	saraxs	سرخس
korstmos (het)	golesang	گلسنگ
oranjerie (de)	golxāne	گلخانه
gazon (het)	čaman	چمن
bloemperk (het)	baqče-ye gol	باغچه گل
plant (de)	giyāh	گیاه
gras (het)	alaf	علف
grasspriet (de)	alaf	علف

blad (het)	barg	برگ
bloemblad (het)	golbarg	گلبرگ
stengel (de)	sāqe	ساقه
knol (de)	riše	ریشه

| scheut (de) | javāne | جوانه |
| doorn (de) | xār | خار |

bloeien (ww)	gol kardan	گل کردن
verwelken (ww)	pažmorde šodan	پژمرده شدن
geur (de)	bu	بو
snijden (bijv. bloemen ~)	boridan	بریدن
plukken (bloemen ~)	kandan	کندن

98. Granen, graankorrels

graan (het)	dāne	دانه
graangewassen (mv.)	qallāt	غلات
aar (de)	xuše	خوشه

tarwe (de)	gandom	گندم
rogge (de)	čāvdār	چاودار
haver (de)	jow-e sahrāyi	جو صحرایی
gierst (de)	arzan	ارزن
gerst (de)	jow	جو

maïs (de)	zorrat	ذرت
rijst (de)	berenj	برنج
boekweit (de)	gandom-e siyāh	گندم سیاه

erwt (de)	noxod	نخود
boon (de)	lubiyā qermez	لوبیا قرمز
soja (de)	sowyā	سویا
linze (de)	adas	عدس
bonen (mv.)	lubiyā	لوبیا

LANDEN VAN DE WERELD

99. Landen. Deel 1

Afghanistan (het)	afqānestān	افغانستان
Albanië (het)	ālbāni	آلبانی
Argentinië (het)	āržāntin	آرژانتین
Armenië (het)	armanestān	ارمنستان
Australië (het)	ostorāliyā	استرالیا
Azerbeidzjan (het)	āzarbāyjān	آذربایجان
Bahama's (mv.)	bāhāmā	باهاما
Bangladesh (het)	bangelādeš	بنگلادش
België (het)	belžik	بلژیک
Bolivia (het)	bulivi	بولیوی
Bosnië en Herzegovina (het)	bosni-yo herzogovin	بوسنی وهرزگوین
Brazilië (het)	berezil	برزیل
Bulgarije (het)	bolqārestān	بلغارستان
Cambodja (het)	kāmboj	کامبوج
Canada (het)	kānādā	کانادا
Chili (het)	šhili	شیلی
China (het)	čin	چین
Colombia (het)	kolombiyā	کلمبیا
Cuba (het)	kubā	کوبا
Cyprus (het)	qebres	قبرس
Denemarken (het)	dānmārk	دانمارک
Dominicaanse Republiek (de)	jomhuri-ye dominikan	جمهوری دومینیکن
Duitsland (het)	ālmān	آلمان
Ecuador (het)	ekvādor	اکوادور
Egypte (het)	mesr	مصر
Engeland (het)	engelestān	انگلستان
Estland (het)	estoni	استونی
Finland (het)	fanlānd	فنلاند
Frankrijk (het)	farānse	فرانسه
Frans-Polynesië	polinezi-ye farānse	پلینزی فرانسه
Georgië (het)	gorjestān	گرجستان
Ghana (het)	qanā	غنا
Griekenland (het)	yunān	یونان
Groot-Brittannië (het)	beritāniyā-ye kabir	بریتانیای کبیر
Haïti (het)	hāiti	هائیتی
Hongarije (het)	majārestān	مجارستان
Ierland (het)	irland	ایرلند
IJsland (het)	island	ایسلند
India (het)	hendustān	هندوستان
Indonesië (het)	andonezi	اندونزی

Irak (het)	arāq	عراق
Iran (het)	irān	ایران
Israël (het)	esrāil	اسرائیل
Italië (het)	itāliyā	ایتالیا

100. Landen. Deel 2

Jamaica (het)	jāmāikā	جامائیکا
Japan (het)	žāpon	ژاپن
Jordanië (het)	ordon	اردن
Kazakstan (het)	qazzāqestān	قزاقستان
Kenia (het)	keniyā	کنیا
Kirgizië (het)	qerqizestān	قرقیزستان
Koeweit (het)	koveyt	کویت
Kroatië (het)	korovāsi	کرواسی
Laos (het)	lāus	لائوس
Letland (het)	letuni	لتونی
Libanon (het)	lobnān	لبنان
Libië (het)	libi	لیبی
Liechtenstein (het)	lixteneštāyn	لیختن‌اشتاین
Litouwen (het)	litvāni	لیتوانی
Luxemburg (het)	lokzāmborg	لوکزامبورگ
Macedonië (het)	jomhuri-ye maqduniye	جمهوری مقدونیه
Madagaskar (het)	mādāgāskār	ماداگاسکار
Maleisië (het)	mālezi	مالزی
Malta (het)	mālt	مالت
Marokko (het)	marākeš	مراکش
Mexico (het)	mekzik	مکزیک
Moldavië (het)	moldāvi	مولداوی
Monaco (het)	monāko	موناکو
Mongolië (het)	moqolestān	مغولستان
Montenegro (het)	montenegro	مونته‌نگرو
Myanmar (het)	miyānmār	میانمار
Namibië (het)	nāmibiyā	نامیبیا
Nederland (het)	holand	هلند
Nepal (het)	nepāl	نپال
Nieuw-Zeeland (het)	niyuzland	نیوزلند
Noord-Korea (het)	kare-ye šomāli	کرۀ شمالی
Noorwegen (het)	norvež	نروژ
Oekraïne (het)	okrāyn	اوکراین
Oezbekistan (het)	ozbakestān	ازبکستان
Oostenrijk (het)	otriš	اتریش

101. Landen. Deel 3

Pakistan (het)	pākestān	پاکستان
Palestijnse autonomie (de)	felestin	فلسطین
Panama (het)	pānāmā	پاناما

Paraguay (het)	pārāgue	پاراگوئه
Peru (het)	porov	پرو
Polen (het)	lahestān	لهستان
Portugal (het)	porteqāl	پرتغال
Roemenië (het)	romāni	رومانی
Rusland (het)	rusiye	روسیه
Saoedi-Arabië (het)	arabestān-e so'udi	عربستان سعودی
Schotland (het)	eskātland	اسکاتلند
Senegal (het)	senegāl	سنگال
Servië (het)	serbestān	صربستان
Slovenië (het)	eslovoni	اسلوونی
Slowakije (het)	eslovāki	اسلواکی
Spanje (het)	espāniyā	اسپانیا
Suriname (het)	surinām	سورینام
Syrië (het)	suriye	سوریه
Tadzjikistan (het)	tājikestān	تاجیکستان
Taiwan (het)	tāyvān	تایوان
Tanzania (het)	tānzāniyā	تانزانیا
Tasmanië (het)	tāsmāni	تاسمانی
Thailand (het)	tāyland	تایلند
Tsjechië (het)	jomhuri-ye ček	جمهوری چک
Tunesië (het)	tunes	تونس
Turkije (het)	torkiye	ترکیه
Turkmenistan (het)	torkamanestān	ترکمنستان
Uruguay (het)	orogue	اوروگوئه
Vaticaanstad (de)	vātikān	واتیکان
Venezuela (het)	venezuelā	ونزوئلا
Verenigde Arabische Emiraten	emārāt-e mottahede-ye arabi	امارات متحده عربی
Verenigde Staten van Amerika	eyālāt-e mottahede-ye emrikā	ایالات متحدۀ امریکا
Vietnam (het)	viyetnām	ویتنام
Wit-Rusland (het)	belārus	بلاروس
Zanzibar (het)	zangbār	زنگبار
Zuid-Afrika (het)	jomhuri-ye āfriqā-ye jonubi	جمهوری آفریقای جنوبی
Zuid-Korea (het)	kare-ye jonubi	کرۀ جنوبی
Zweden (het)	sued	سوئد
Zwitserland (het)	suis	سوئیس